コミュニケーションを楽しもう！

今日からはじめる
感じがいい 日本語

著 | 栗又由利子
世良時子

【初級レベル】

英語・ベトナム語・中国語
翻訳つき

Cùng giao tiếp vui vẻ!
Bắt đầu từ hôm nay
Tiếng Nhật tạo thiện cảm
Một mình cũng học được!

Have fun with conversation!
Start Learning Today
Japanese to Give Off a Good Impression
Great for self-study and fun to practice on people around you

享受与他人交流的乐趣吧！
今日开始学习
令人舒适的日…
也可以独自学习！

Gakken

この本を使う方へ

この本は、日本で生活するさまざまな人が、日常のコミュニケーションを円滑にするために、日本語を勉強するための本です。

技術の発達により、自国や日本の情報を母語で手に入れたり、ドラマや映画などを母語で楽しんだりすることも難しくなくなりました。では、この現代に日本語を勉強する意味は何でしょうか。それは、日常の人間関係を良くし、そのことにより、日本での生活を楽しく、幸せなものにすることだと、私たち著者は考えました。ここでは、この本の考え方について説明していきます。

①ユニットの内容と目標

日本で生活している皆さんは、この本に載っている日本語を勉強したことがあるかもしれません。一見簡単な表現もありますが、この本では、次のような目標に合わせて表現を選んであります。

「ユニット1」自分のことを話し、周りに理解してもらえる。

「ユニット2」周りの人に自分から話しかけ、人間関係を築く一歩を踏み出す。

「ユニット3」確認・依頼等の機能を持つ表現を良い人間関係を保つために使える。

「ユニット4」災害等の非常時の表現や日本語のいろいろなバリエーションを知る。

②この本が大切にしている「感じの良さ」

この本は「人間関係をよくするためのコミュニケーション」を行うことを目標にしています。その「人間関係をよくする」ためには、「感じがいい」と思ってもらえることが重要です。では、「感じがいい」とは何でしょうか。私たち著者は、それにはいくつかの要素があると考えました。

＜コミュニケーションのときの気持ち＞

・「相手に失礼がないか」「相手を困らせていないか」というような相手を気遣う気持ち

・「相手との距離を近くしたい」「仲良くなりたい」というような気持ち

＜言葉による行動＞

・あいづち⇒「相手の話を聞いている」「相手の話に興味を持っている」ことを表す。

・確認する⇒「相手からもらった情報を大切だと思っている」ことを表す。

これらはレッスンのアイコンで示しています。

③独学とコミュニケーションの中での学習

この本は、皆さんが一人で勉強することを想定して作ってあります。忙しい毎日の中で続けることができるよう、レッスンごとの内容は少なくなっています。1日1レッスンとか、毎週1レッスンとか、自分の生活に合ったペースで勉強を進めてみてください。

どんな教科書でも、日本語のすべてを網羅することはできません。この本は、独学のためのものですが、ぜひ周りの人に聞いたり、一緒にタスクをしたりしてみてください。この本で学んだ表現からよい人間関係が始まり、その中でさらに日本語を学んでいってもらいたいと思います。

この本が、より良いコミュニケーションの助けになり、皆さんの日本での生活を少しでも楽しく幸せなものにすることができますように。

2023年1月　栗又由利子　世良時子

To users of this book

This book is designed to teach the various types of people who live in Japan the Japanese terms, phrases, and expressions they need to communicate effectively in their everyday lives.

Advancements in technology have made it more difficult for people to get information about their own countries/Japan, or enjoy TV shows, movies, etc., in their native languages. So what purpose does it serve to study Japanese in this sort of modern society? We the authors believe that the purpose is to improve your relations with the people in your everyday lives, thereby making your life in Japan more fun and meaningful. In this section, we will explain to you the thought processes on which this book was based.

① Unit content and objectives

Since you already live in Japan, you may have studied some or all of the Japanese in this book at some point in your studies. While the phrases/expressions compiled in this book may seem simple at first glance, they were chosen for a reason, based on the following objectives.

Unit 1: Talking about yourself and having the people around you understand what you are saying.

Unit 2: Starting conversations with people around you, and taking the first step towards building good relations with others.

Unit 3: Using phrases/expressions meant to confirm information, make requests, etc., to maintain good relations with others.

Unit 4: Understanding the phrases/expressions you would need during events such as natural disasters, as well as the many variations in Japanese phrases/expressions.

② "Giving off a good impression" as an element of emphasis in the book

The objective of this book is for you to be able to communicate in a way that allows you to build better relations with others. It is important to give off a good impression when building better relations with others, but what does it mean to give off a good impression? We the authors think there are several factors involved.

The feelings underlying the communication process

· Feelings of consideration, such as concern about whether you are being impolite or are causing the other person trouble

· Feelings of wanting to be closer or to become friends with the other person

Verbal behaviors

· Interjections ⇒ Indicate that you are listening to and are interested in what the other person is saying.

· Confirming information ⇒ Indicate that you value the information you received from the other person.

These factors are indicated through icons on the lessons.

③ Learning through self-study and real-life communication

This book was designed for self-study purposes. As such, the content in each lesson has been purposely limited so that you will be able to continue your studies amidst your busy schedule. We encourage you to study at whatever pace works for you, whether that be a lesson a day, or a lesson a week.

No textbook could cover all there is to know about Japanese, no matter how many pages it had. It is our hope that you will be able to use the phrases/expressions you learn in this book to begin building your relations with others, and that you continue learning Japanese as you get closer with these people, whoever they may be.

While this book is designed for self-study, we do encourage you to ask questions to the Japanese people around you, or perhaps even work through the practice tasks with them.

We hope that this book will serve as a tool for better communication, to make your life in Japan even just a bit more joyful and meaningful.

January 2023　栗又由利子　世良時子

3

Thân gửi các bạn sử dụng sách này

Cuốn sách này là sách dành cho những người sống ở Nhật Bản học tiếng Nhật để giao tiếp hàng ngày một cách suôn sẻ.

Với sự phát triển của công nghệ, không còn khó khăn trong việc tìm hiểu thông tin về đất nước của bạn hoặc Nhật Bản bằng tiếng mẹ đẻ, hoặc thưởng thức các bộ phim truyền hình hay điện ảnh bằng tiếng mẹ đẻ. Vậy ý nghĩa của việc học tiếng Nhật thời hiện đại này là gì? Chúng tôi, những tác giả của cuốn sách này cho rằng, đó là làm cho quan hệ giữa con người với nhau trong cuộc sống thường ngày trở nên tốt đẹp hơn, và nhờ thế làm cho cuộc sống ở Nhật Bản trở nên thú vị, hạnh phúc. Vậy từ đây, chúng tôi sẽ giải thích về cách suy nghĩ trong cuốn sách này.

① Nội dung và mục tiêu của Unit

Các bạn, những người đang sinh sống ở Nhật Bản có thể đã từng học ở đâu đó về tiếng Nhật được ghi trong cuốn sách này. Thoạt nhìn, cũng có những diễn đạt đơn giản, nhưng những diễn đạt được tập hợp trong cuốn sách này được lựa chọn theo những mục tiêu sau đây:

Unit 1:   Nói về bản thân để cho những người xung quanh hiểu về mình.

Unit 2:   Tự mình chủ động bắt chuyện với mọi người xung quanh, tiến thêm một bước xây dựng mối quan hệ.

Unit 3:   Các diễn đạt có chức năng như xác nhận/nhờ vả v.v. có thể được sử dụng để giữ các mối quan hệ tốt đẹp.

Unit 4:   Biết các diễn đạt lúc khẩn cấp như tai họa v.v. và các biến thể khác nhau của tiếng Nhật.

② " Sự thiện cảm " mà cuốn sách này trân trọng

Cuốn sách lấy mục tiêu là "giao tiếp để tạo mối quan hệ tốt". Để "tạo mối quan hệ tốt", điều quan trọng là để người khác cảm thấy "có thiện cảm". Vậy, "có thiện cảm" nghĩa là gì? Chúng tôi, những tác giả đã nghĩ rằng điều đó có một số yếu tố.

Cảm giác khi giao tiếp

· Cảm giác quan tâm đến đối phương ví dụ như "có thất lễ với đối phương không?", "có làm khó cho đối phương không?"

· Cảm giác như "muốn rút ngắn khoảng cách với đối phương", "muốn trở nên thân thiết"

Hành động dựa vào lời nói

· Gật gù hưởng ứng ⇒ Cho thấy bạn đang "lắng nghe chuyện của đối phương", "quan tâm đến chuyện của đối phương."

· Xác nhận ⇒ Cho thấy việc bạn đang "nghĩ thông tin nhận được từ đối phương là quan trọng".

Những điều này được biểu thị bằng biểu tượng trong bài học.

③ Tự học và học trong giao tiếp

Cuốn sách này được làm ra với dự tính cho các bạn học một mình. Nội dung của mỗi bài học đã được giảm bớt để có thể tiếp tục trong cuộc sống bận rộn mỗi ngày. Hãy cố gắng học với tốc độ phù hợp với cuộc sống của bản thân, ví dụ như mỗi ngày 1 bài học hoặc mỗi tuần 1 bài học.

Dù là sách giáo khoa nào cũng không thể bao quát hết được tiếng Nhật. Cuốn sách này là để tự học, nhưng rất mong bạn thử hỏi những người xung quanh hoặc thực hiện một số bài tập với họ nhé.

Chúng tôi hy vọng rằng những mối quan hệ tốt đẹp sẽ bắt đầu từ những cách diễn đạt đã học trong cuốn sách này, và bạn sẽ học được nhiều tiếng Nhật hơn trong những mối quan hệ đó.

Chúng tôi hy vọng cuốn sách này sẽ giúp bạn giao tiếp tốt hơn và làm cho cuộc sống của bạn ở Nhật Bản thú vị và hạnh phúc nhất có thể.

Tháng 1 năm 2023　栗又由利子　世良時了

致本书的读者

本书是一本学习日语的教材，旨在让生活在日本的各行各业的人能够顺畅地进行日常交流。

随着技术的发展，用母语获取本国和日本的信息，用母语欣赏日本电视剧和电影等也不再是难事。那么，时至今日学习日语的意义是什么？笔者认为学习日语的意义在于在日常生活中建立良好的人际关系，并由此让大家在日本的生活快乐、幸福。以下介绍本书的理念。

① 单元的内容与目标

大家在日本生活，可能在某处学到过本书中出现的日语知识。虽然有些表达句式乍看之下很简单，但本书收集的表达句式是根据以下学习目标来选择的。

"单元1"能够介绍自己的情况，让周围的人理解。

"单元2"主动和周围的人搭话，迈出建立人际关系的第一步。

"单元3"能运用具有确认、委托等功能的表达句式，来维护良好的人际关系。

"单元4"了解灾害等紧急情况下的表达句式和日语的各种变形。

② 本书非常重视"令人愉快"这一理念

本书以实现"良好的人际关系的交流"为目标。为了实现"良好的人际关系"，让对方觉得"令人愉快"是很重要的。那么，何谓"令人愉快"呢？笔者认为其中包含几个要素。

交流时的心情

· "是否有失礼之处""是否让对方为难"等为对方着想的心情

· "想拉近距离""希望关系融洽"的心情

语言上的行动

· 附和 ⇒ 表示"在倾听对方说话""对对方的话感兴趣"。

· 确认 ⇒ 表示"很重视从对方处获得的信息"

这些会用课程图标来显示。

③ 在自学和交流中学习

本书面向的是自学日语的人。为了让大家在每天忙碌的生活中能够坚持学习，我们减少了每课的内容。可以每天学一课或每周学一课，请按照适合自己生活方式的学习节奏来学习。

再厚的教科书也不可能囊括全部日语知识。希望大家通过本书中学到的表达句式开启良好的人际关系，并在人与人的交流中进一步学习日语。

虽然本书面向日语自学者，但也建议请教周围的日本人，或与他们共同完成课后任务。

希望本书能帮助大家更好地交流，让大家在日本的生活更加快乐、幸福。

2023 年 1 月　栗又由利子（くりまた ゆ り こ）　世良時子（せ ら ときこ）

日本語学習をサポートしてくれる方へ

近年、日本で働く外国人がますます増えています。

「おい、社長、飯食ったか？」社長にこう話しかけ、大目玉をくらった技能実習生がいました。「便所はどこだい？」そう言って周りの日本人を戸惑わせた日系人の女性がいました。

日本語を学ぶ人々は、このような失敗を日々繰り返しながら、1歩、2歩と、日本に歩み寄ろうと努力しています。その努力に、受け手である私たちも応えるべきじゃないかと思うのです。

ある日本語学習者が漢字の勉強を始めたとき、「漢字の意味がわかったら、景色に色がついたみたいだった」と言いました。今まで何の意味も持たなかったものが、自分の中で意味を持ち始めると、見える景色は変わっていきます。

自分の思いや気持ちを言葉で表現できるということは、暗闇の中から光を見つけることに似ていると言った外国人の方もいました。

「いい天気ですね」「そうですね」

こんな簡単な会話でも、誰かとかわすことができたら、どれだけ気分が明るくなるでしょうか。今まで赤の他人だった人が、「顔見知りの人」に変わり、知り合いになり、友達へと発展していくかもしれません。

言葉を学ぶとは、そういうことだと思うのです。

私たち著者は、言葉は人間関係を築いていくために獲得するものだと考えます。そして、その人間関係を築く際、相手が感じる「感じがいい」という気持ちは、コミュニケーションを取る上で重要であると思い、この本を作りました。

本書は、日本で忙しい日々を送る外国人が、いつでもどこでも一人でも、日本語の勉強が続けられるようにと考えて作りました。でも、言葉の学習は、完全に一人でできるものではありません。

「ちょっと見てもらえませんか」と勇気をもって声をかけてきた外国人がいたら、ぜひチェックしてあげてください。難しい説明をしなくても大丈夫です。一緒にテキストを見て考えるだけで、あなたの目の前にいる人が、どんな人なのかが少しわかると思います。そして、そのページの日本語を使って、あなたのことについても話してみてください。

この本が、あなたとその人を結ぶ「かすがい」となり、双方の関係性をより深く、よりよいものにするきっかけになることを願っています。

この本の特長と使い方

✴ 本書では、相手と楽しくコミュニケーションを取ったり、よりよい人間関係を築いたりするために必要な日本語を学びます。

✴ 「感じのいい」日本語が使えるようになることを目指します。

✴ 1回で一つの学習項目を学ぶ、シンプルな構成です。忙しくても、一人でも、学習を進めることができます。

✴ 4ユニット30レッスンあります。ユニットごとにテーマがあり、そのテーマに沿った日本語を学びます。

✴ ユニットの最後には、そのユニットで学んだ日本語を総合的に使う問題やタスクがあり、日本語の力を付けることに役立ちます。

★ ユニットのとびら

このユニットのテーマと、このユニットで学ぶ学習項目がわかります。ユニットのテーマをよく読んで、このユニットでできるようになることをイメージしながら学びましょう。

☆Lesson

1レッスンで
一つの学習項目を学びます。

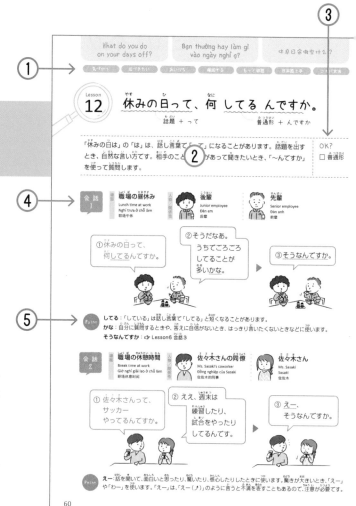

①
②
③
④
⑤

①

◆ 感じがいい コミュニケーションのための表現

気づかう

「相手に問題がないか」「心配をかけないか」と気遣う気持ちを見せることは感じがいいコミュニケーションに重要です。相手に気遣いながら行動したり、話したりするときの表現です。

近づきたい

「相手のことが知りたい」「仲良くなりたい」という気持ちを見せることは感じがいいコミュニケーションに重要です。相手との距離を近くしたいという気持ちで行動したり話したりするときの表現です。

◆ 感じがいい 言語行動のための表現

あいづち

「私はあなたの話を聞いています」「あなたの話に興味を持っています」「あなたの話を大切だと思っています」ということを表します。ですから、あいづちを打つことは感じがいい言語行動です。相手の話を感じよく聞くためのあいづちの表現です。

確認する

相手が言ったことをきちんと確認することは「あなたからもらった情報を大切だと思っている」ということを表します。ですから、確認することは感じがいい言語行動です。相手と情報をやり取りするときに、感じよく話すための確認の表現です。

◆ 感じを良くする丁寧な表現

もっと敬語

「いらっしゃる」「いただく」などの敬語が入った表現です。敬語はたくさん覚えることよりもよく使う表現に慣れて、自然に使えるようにすることが重要です。

◆ 自然な表現

日本語上手

ほかの言い方もできるけれど、この言い方にするともっと自然になる、こなれた説明になるというような表現です。

◆ 便利な表現

コスパ文法

いろいろな場面や状況で使える表現です。覚えておくと便利です。

⑥

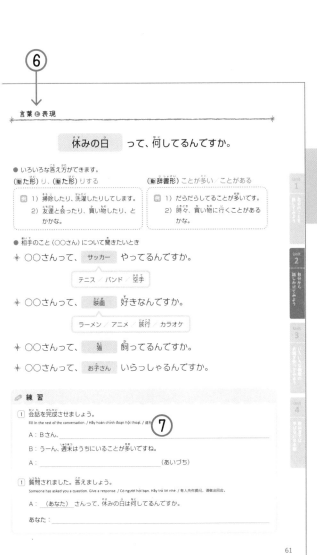

言葉と表現

休みの日 って、何してるんですか。

● いろいろな答え方ができます。

（動た形）り、（動た形）りする

例 1) 掃除したり、洗濯したりしてします。
2) 友達と会ったり、買い物したりと、とかかな。

（動辞書形）ことが多い　ことがある

例 1) だらだらしてることが多いです。
2) 時々、買い物に行くことがあるかかな。

● 相手のこと（○○さん）について聞きたいとき

✦ ○○さんって、 サッカー やってるんですか。

テニス ／ バンド　空手

✦ ○○さんって、 映画 好きなんですか。

ラーメン ／ アニメ　旅行 ／ カラオケ

✦ ○○さんって、 猫 飼ってるんですか。

✦ ○○さんって、 お子さん いらっしゃるんですか。

✐ 練習

① 会話を完成させましょう。
Fill in the rest of the conversation. / Hãy hoàn chỉnh đoạn hội thoại. / 请补全对话。

A：Bさん、

B：うーん、週末はうちにいることが多いですね。

A：_____（あいづち）

① 質問されました。答えましょう。
Someone has asked you a question. Give a response. / Có người hỏi bạn. Hãy trả lời nhé. / 有人向你提问。请做出回应。

A：（あなた）さんって、休みの日は何してるんですか。

あなた：

61

⑦

---

② このレッスンの学習項目について説明しています。翻訳が、別冊に入っています。

③ **OK?**
このレッスンで必要な、初級文法の知識です。もし自信がなかったら、この文法を復習しましょう。
ここでは、以下のようなアイコンが使われているレッスンがあります。

動 動詞　名 名詞　形 形容詞

---

④ **会話 1**
日本語の会話は、「場面」と「相手との関係性」が大切です。それによって、使う日本語が違ってくるからです。
まず、それをよく確認してから、会話を読んでください。

⑤ **Point**
会話のポイントを示しています。翻訳が、別冊に入っています。
☞ のマークで関連項目のページを示しているので、そのページも確認しましょう。

⑥ **言葉と表現**
このレッスンで学ぶ学習項目の入れ替え表現や、関連が深い言葉や表現を学びます。
もし自分でよく使う表現があったら、書き足していき、自分だけの本にしてください。

⑦ **✐ 練習**
解答例が別冊にあります。できれば、あなたが書いた日本語が正しいかどうか、周りの人に聞いてみてください。
できるだけ自分のことについて書くようにすれば、周りの人に、あなたのことを知ってもらうきっかけになります。

▶ **無料動画をチェック！**

会話の音声や、解説を動画で確認することができます。ぜひ参考にしてください。
https://gakken-ep.jp/extra/kanjigaiinihongo/

★ やってみよう

各ユニットの最後に、4ページあります。
そのユニットで学んだ学習項目を複合的に使って問題をやったり、タスクを行ったりします。

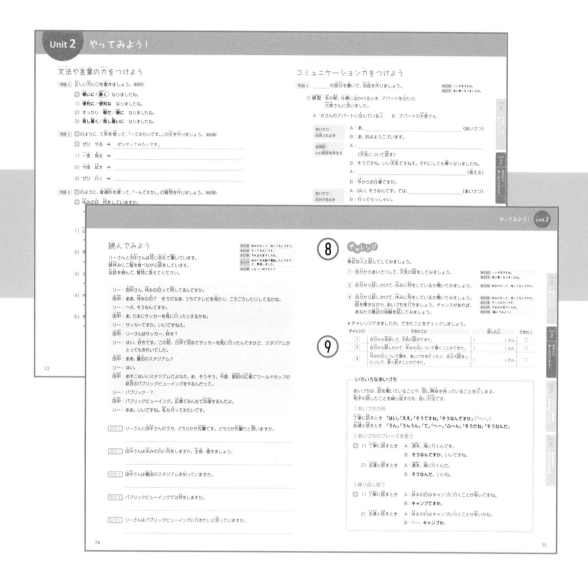

⑧ **チャレンジ**

「やってみよう」の中に「チャレンジ」があります。これは、ユニットで学んだ学習項目を
複合的に使って行うタスクです。
周りの人に何かをお願いしたり、店に行って店員さんに何かを聞いたりします。一人でも
できるタスクなので、ぜひ挑戦して、楽しみながら日本語を学んでください。

⑨ チャレンジの最後には、「できたこと」をチェックする表があります。タスクは、1回では
成功しないかもしれません。
自分のチャレンジを振り返ってみて、何度でも挑戦しましょう。

Features of this book and how to use it

✳ In this book, you will learn the Japanese phrases/expressions you will need to have fun conversations and build better relations with others.

✳ The objective is for you to be able to speak Japanese in a way that gives off a good impression.

✳ The book has a simple structure, with you learning a single concept per lesson. It has been designed so that you can self-study even if you have a busy schedule.

✳ There are four units and 30 lessons in total. Each unit has a theme, and covers Japanese phrases/expressions within this theme.

✳ There are practice problems and tasks at the end of every unit that require you to utilize the concepts you have learned in the unit in an integrated way, and which will be helpful in improving your Japanese language ability.

★ Introduction to the unit

Explains the theme of the unit, and the specific concepts that will be covered. Read the description of the theme carefully, and go through the lessons while imagining the things you will be able to do once you have completed the unit.

⭐ Lesson

You will learn a single concept per lesson.

①

◆ Phrases/expressions that give off a good impression through communication

気づかう

Showing feelings of consideration, such as whether you are causing the other person trouble, or are causing them to worry, is important in giving off a good impression. These are phrases/expressions that are used when you want to behave or speak in a way that is considerate of the other person.

近づきたい

Showing feelings of wanting to be closer or to become friends with the other person is important in giving off a good impression. These are the phrases/expressions that are used when you want to behave or speak in a way that shows you want to be closer to the other person.

◆ Phrases/expressions that give off a good impression through verbal behaviors

あいづち

Interjections indicate that you are listening to the other person, and that you are interested in and value what they are saying. As such, interjections are a verbal behavior that give off a good impression. These are phrases/expressions that are used to show you are listening to what others are saying in a way that gives off a good impression.

確認する

Confirming something the other person has said indicates that you value the information you received from them. As such, confirming information is a verbal behavior that gives off a good impression. These are phrases/expressions that are used to give off a good impression when exchanging information with others.

◆ Polite phrases/expressions that give off a good impression

もっと敬語

Phrases/expressions that include honorific language such as "いらっしゃる" and "いただく". When learning honorific language, it is more important that you get used to using the most common phrases/expressions so that it comes to you naturally, instead of memorizing lots of phrases/expressions.

◆ Natural phrases/expressions

日本語上手

Phrases/expressions that could be said another way, but that sound more natural/more like something a native speaker would say.

◆ Convenient phrases/expressions

コスパ文法

These are phrases/expressions that you can use in a wide variety of settings, situations, etc. These are convenient to keep in mind.

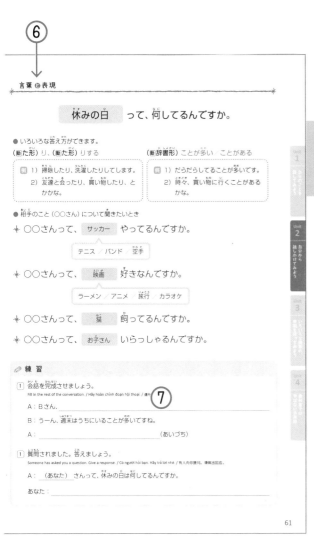

⑥

言葉 と 表現

休みの日 って、何してるんですか。

● いろいろな答え方ができます。

（動た形）り、（動た形）りする　　　　（動辞書形）ことが多い　ことがある

例 1）掃除したり、洗濯したりしてます。
　　2）友達と会ったり、買い物したり、とかかな。

例 1）だらだらしてることが多いです。
　　2）時々、買い物に行くことがあるかな。

● 相手のこと（○○さん）について聞きたいとき

＊ ○○さんって、 サッカー やってるんですか。
　　　　　　　テニス ／ バンド　空手

＊ ○○さんって、 映画 好きなんですか。
　　　　　　　ラーメン ／ アニメ　旅行　カラオケ

＊ ○○さんって、 猫 飼ってるんですか。

＊ ○○さんって、 お子さん いらっしゃるんですか。

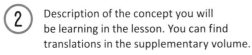 練習

1 会話を完成させましょう。
Fill in the rest of the conversation. / Hãy hoàn chỉnh đoạn hội thoại. / 請

A：Bさん、_____ **⑦**
B：うーん、週末はうちにいることが多いですね。
A：_____（あいづち）

1 質問されました。答えましょう。
Someone has asked you a question. Give a response. / Có người hỏi bạn. Hãy trả lời nhé / 有人向你提問。請嘗試回答。

A：（あなた）さんって、休みの日は何してるんですか。
あなた：_____

61

---

② Description of the concept you will be learning in the lesson. You can find translations in the supplementary volume.

③ OK?

The beginner-level grammatical concepts you will need to know for the lesson. Go back and review these concepts if you are unsure whether you understand these concepts. Some of the lessons are marked with the icons below.

動 動詞　名 名詞　形 形容詞

④ 会話1

Two very important factors in Japanese conversation are the setting and your relationship with the other person. This is because these factors affect the style/form of Japanese that you should use in that conversation.Make sure you check these before reading the conversation itself.

⑤ Point

Shows the key points of the conversation. You can find translations in the supplementary volume. The 👉 icon indicates the page in which you can find the related concept. Consult these pages to find the relevant information.

⑥ 言葉 と 表現

Alternatives and variations to the concept covered in the lesson, closely-related concepts, etc. If there is a phrase/expression that you use regularly, write it down, and make the book your own.

⑦ ✐ 練習

Sample answers can be found in the supplementary volume. If you have the opportunity, ask a Japanese person in your life whether the Japanese you have written is accurate. Write as much as you can about yourself to create opportunities for the Japanese people in your life to learn more about you.

▶ Check out our free videos!

These videos cover pronunciation in conversations, explanations of concepts, etc. We encourage you to use this resource.
https://gakken-ep.jp/extra/kanjigaiinihongo/

⭐ Let's try

A four-page section at the end of each unit.

In this section, you will work through practice problems and perform tasks that require you to utilize the concepts you have learned in the unit in an integrated way.

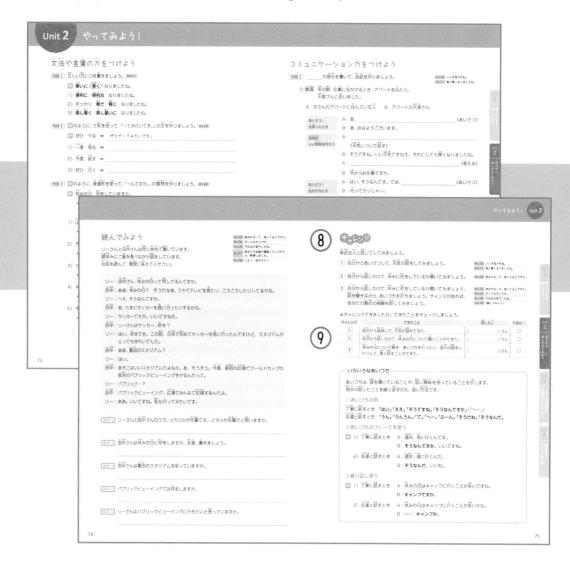

⑧ チャレンジ

The "Let's try" section has a "Challenge" subsection. Here, you will be asked to perform tasks that require you to utilize the concepts you have learned in the unit in an integrated way.

These involve asking someone around you to do something for you, going to a store and asking a staff member a question, etc. These are all tasks you can do by yourself. As such, we encourage you to try the tasks and learn Japanese in a more fun way.

⑨ At the end of the "Challenge" subsection, there is a chart where you can check off the tasks that you accomplished. These tasks may take a few tries to accomplish.

Look back on all of the times you have challenged yourself, and repeat the tasks however many times it takes to accomplish them.

Đặc điểm và cách dùng cuốn sách này

✳ Trong cuốn sách này, bạn sẽ học tiếng Nhật cần thiết để giao tiếp vui vẻ với người khác và xây dựng các mối quan hệ tốt đẹp hơn.

✳ Chúng ta hướng đến có thể dùng được tiếng Nhật "tạo thiện cảm".

✳ Cuốn sách này cấu trúc đơn giản, giúp bạn có thể học từng mục học trong 1 lần. Dù bận rộn hay ở một mình, bạn vẫn có thể xúc tiến việc học.

✳ Có 4 Unit và 30 bài học. Ở mỗi Unit có chủ đề, và chúng ta sẽ học tiếng Nhật theo từng chủ đề đó.

✳ Ở cuối Unit, có những câu hỏi và bài tập sử dụng một cách tổng hợp tiếng Nhật đã học ở Unit đó, điều này sẽ giúp bạn nâng cao năng lực tiếng Nhật.

★ Lời giới thiệu của Unit

Giải thích chủ đề của Unit này và các hạng mục học tập sẽ được học trong Unit này. Hãy đọc kỹ chủ đề của Unit và vừa học vừa tưởng tượng những gì bạn có thể làm được với Unit này.

Lesson

Mỗi bài học
chúng ta sẽ học một hạng mục học tập

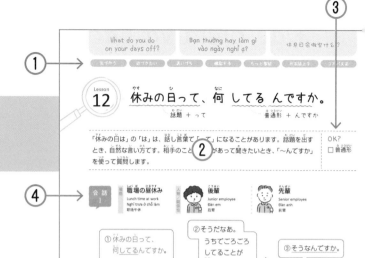

①

◆ Diễn đạt để giao tiếp
có thiện cảm

気づかう

Điều quan trọng để giao tiếp tạo thiện cảm là cho thấy cảm giác quan tâm "đối phương có gặp vấn đề gì không", "có làm đối phương lo lắng không". Đây là diễn đạt được dùng khi vừa hành động hoặc nói chuyện vừa quan tâm đến đối phương.

近づきたい

Điều quan trọng để giao tiếp tạo thiện cảm là cho thấy cảm giác quan tâm "muốn biết về đối phương", "muốn thân thiết". Đây là diễn đạt được dùng khi hành động hoặc nói chuyện cùng với cảm nghĩ muốn rút ngắn khoảng cách với đối phương.

◆ Diễn đạt để hành vi ngôn ngữ
có thiện cảm

あいづち

Thể hiện việc "tôi đang nghe chuyện của bạn", "tôi đang có quan tâm đến chuyện của bạn", "tôi thấy chuyện của bạn quan trọng". Vì vậy, việc gật gù hưởng ứng là hành vi ngôn ngữ tạo thiện cảm. Đây là diễn đạt gật gù hưởng ứng để nghe chuyện của đối phương một cách có thiện cảm.

確認する

Việc xác nhận cẩn thận những gì đối phương nói thì sẽ cho thấy "tôi đang nghĩ thông tin nhận được từ bạn là quan trọng". Vì vậy, việc xác nhận là hành vi ngôn ngữ tạo thiện cảm. Đây là diễn đạt xác nhận để nói chuyện một cách có thiện cảm khi trao đổi thông tin với đối phương.

◆ Diễn đạt lịch sự tạo thiện cảm

もっと敬語

Đây là diễn đạt có kính ngữ ví dụ như "いらっしゃる", "いただく". Việc làm quen với các cách diễn đạt bạn thường sử dụng để có thể sử dụng một cách tự nhiên quan trọng hơn việc nhớ nhiều kính ngữ.

◆ Diễn đạt tự nhiên

日本語上手

Đây là diễn đạt mà mặc dù có thể dùng cách nói khác, nhưng nếu dùng cách nói này thì sẽ tự nhiên hơn, hay trở nên trôi chảy hơn.

◆ Diễn đạt tiện dụng

コスパ文法

Đây là diễn đạt có thể dùng ở nhiều ngữ cảnh hay tình huống. Nếu nhớ được thì sẽ tiện dụng.

⑥

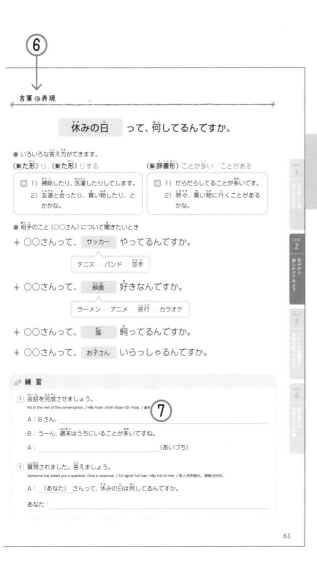

② Giải thích về hạng mục học tập của bài học này. Bản dịch có trong sách đính kèm.

③ **OK?**
Đây là kiến thức ngữ pháp sơ cấp cần thiết trong bài học này. Nếu bạn thiếu tự tin, hãy ôn lại điểm ngữ pháp này.
Ở đây, có các bài học sử dụng các biểu tượng như dưới đây:

動 動詞　名 名詞　形 形容詞

④ **会話 1**
Trong hội thoại tiếng Nhật, "ngữ cảnh" và "mối quan hệ với đối phương" là quan trọng. Đó là do tùy vào đó mà tiếng Nhật được sử dụng sẽ khác.
Trước tiên, hãy xác nhận kỹ rồi đọc hội thoại.

⑤ **Point**
Cho thấy điểm quan trọng trong hội thoại.
Bản dịch có trong sách đính kèm.
Dấu ☞ cho thấy trang của các hạng mục liên quan, vì vậy hãy xác nhận trang đó.

⑥ **言葉 と 表現**
Chúng ta sẽ học các diễn đạt thay thế của các hạng mục học tập được học trong bài học này hay các diễn đạt, từ ngữ có liên quan sâu sắc.
Nếu có diễn đạt mà bạn thường sử dụng, hãy ghi thêm vào để làm thành cuốn sách của riêng bạn.

⑦ ✎ **練 習**
Đáp án mẫu ở sách đính kèm. Nếu được, hãy thử hỏi những người Nhật xung quanh xem tiếng Nhật mà bạn đã viết có đúng không.
Nếu được, cố gắng viết về bản thân bạn càng nhiều càng tốt, như vậy cũng trở thành dịp để những người Nhật xung quanh biết về bản thân bạn.

▶ **Hãy xem thử các video miễn phí!**

Có thể nghe tiếng hội thoại hay xem video giải thích. Rất mong bạn thử tham khảo.
https://gakken-ep.jp/extra/kanjigaiinihongo/

⭐ Let's try

Ở cuối mỗi Unit có 4 trang.

Bạn sử dụng các hạng mục học tập đã học trong Unit một cách tổng hợp để trả lời các câu hỏi hoặc làm các bài tập.

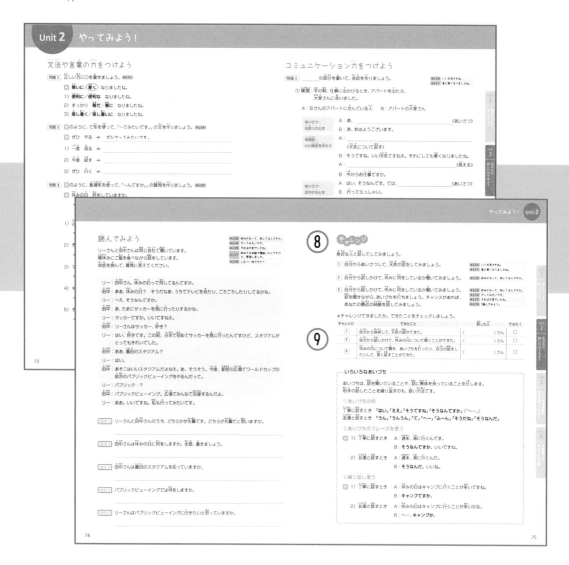

 **チャレンジ**

Có phần "チャレンジ" (thử sức) trong "やってみよう" (hãy thử làm). Đây là bài tập dùng một cách tổng hợp các hạng mục học tập đã học trong Unit.

Nhờ những người xung quanh về điều gì đó, hoặc đến cửa hàng và hỏi nhân viên bán hàng điều gì đó. Đây là bài tập mà bạn có thể làm một mình, nên rất mong bạn thử sức để học tiếng Nhật một cách vui vẻ.

⑨ Ở cuối phần thử sức có bảng kiểm tra "việc đã làm". Bài tập có thể sẽ không hoàn thành được trong 1 lần.

Hãy xem lại những lần thử sức bản thân đã làm và thử sức nhiều lần cho đến khi hoàn thành.

本书特点及使用方法

✳ 在本书中将学习与对方愉快交流、建立更加良好人际关系所需的日语。

✳ 学习目标是能够使用"令人愉快"的日语。

✳ 每课一个学习项目，构成较为简单。工作忙碌或一个人时也能推进学习进程。

✳ 共有4个单元30课。各单元有不同主题，将学到与主题相关的日语。

✳ 单元最后有综合使用在该单元所学到的日语的答题及任务栏，有助于提高巩固日语能力。

⭐ **单元扉页**

可了解本单元主题以及本单元所学项目。

请仔细阅读单元主题，一边想象掌握了本单元学习的知识的情形一边学习。

★ Lesson

每次一课,学习一个学习项目。

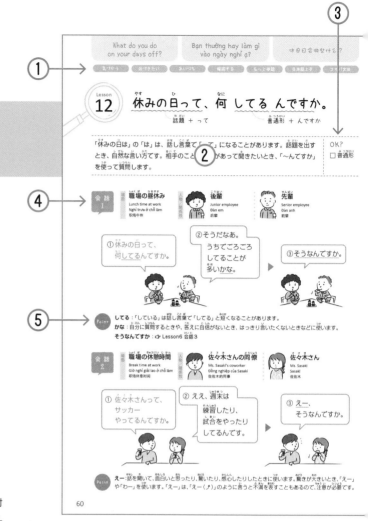

①

◆ 进行愉快交流的表达句式

気づかう

表达出"会不会给对方造成困扰""会不会让对方担心"等为他人着想的心情对于愉快的交流十分重要。言行中为他人着想的表达句式。

近づきたい

表现出"想了解对方""希望关系融洽"的心情对于愉快的交流十分重要。言行中想拉近距离时的表达句式。

◆ 令人愉快的言行表达句式

あいづち

表示"我在听你说话""我对你的话感兴趣""我很重视你说的话"。因此,附和是一种令人愉快的表达方式。倾听对方说话时令人愉快的附和表达句式。

確認する

仔细确认对方说的事情,可以表达"我很重视从你这里获得的信息"的含义。因此,确认是一种令人愉快的表达方式。与对方交流信息时,为了能令人愉快地进行交谈而使用的确认表达句式。

◆ 令人愉快的礼貌表达句式

もっと敬語

含有「いらっしゃる」「いただく」等敬语的表达句式。与其记住许多敬语,不如习惯使用常用的表达句式,且能够自然运用更为重要。

◆ 自然的表达句式

日本語上手

虽然也有其他表达方式,但这一表达方式最为自然,让表述更地道。

◆ 方便的表达句式

コスパ文法

可以用于许多场景和情况。记住以后用起来很方便。

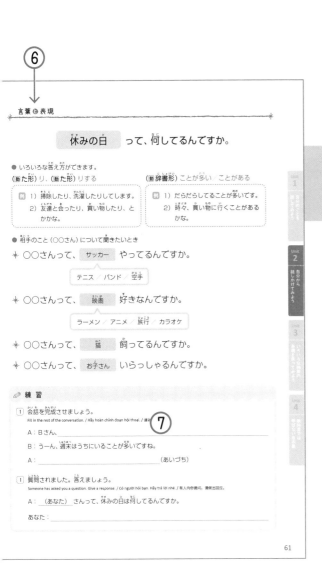

⑥

④ **会話1**

因为在日语对话中，"场景"和"与对方的关系"非常重要。不同情况下使用不同的日语。请先仔细确认这一点之后再阅读对话。

⑤ **Point**

显示了对话的重点。译文在另一本书上。
☞ 标记显示了相关项目的页码，请一并阅读该页。

⑥ **言葉と表現**

学习可替换本课所学项目的表达句式和关联性较大的学习项目。如果你有常用的表达句式，请加进去变成自己的专属教材。

② 介绍本课的学习项目。译文在另一本书上。

③ **OK?**

本课所需的初级语法知识。如果缺乏自信，请复习该语法。此处有使用以下图标的课程。

動 動詞　名 名詞　形 形容詞

⑦ **練習**

解答例在另一本书上。如果可能的话，请问问周围的日本人你写的日语是否正确。如果能够尽量写下你自身的情况，还能成为让周围的日本人了解你的契机。

 观看免费视频！

可以在视频中确认对话声音和解说。请务必用于参考。
https://gakken-ep.jp/extra/kanjigaiinihongo/

★ 做一做

每个单元最后有4页。
综合使用在该单元中学到的学习项目完成答题或任务。

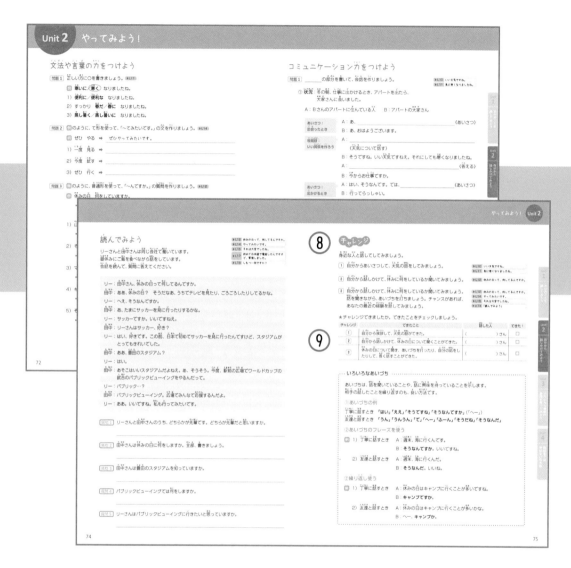

⑧ チャレンジ

"做一做"里有一个"挑战"栏。综合使用在单元中学到的学习项目完成任务。会让你拜托周围的人一些事情，或者去店里询问店员。都是可以独自完成的任务，请务必挑战一下，快乐地学日语。

⑨

在挑战的最后有一个"挑战成功"确认表。任务可能不会一次成功。回顾一下自己的挑战过程，多试几次吧。

便利な表現

日本人がよく使う表現です。近くの日本人の会話をよく聞いてみましょう。そして、ぜひ使ってみましょう。

感謝を伝える ＊「ありがとう」のほかにも、感謝を伝える言い方があります。	・おかげさまで 例 おかげさまで、合格できました。 ・お世話になっております。例 いつも主人がお世話になっております。 ・ありがたいです。例 そうしていただけるとありがたいです。 ・こちらこそ 例 こちらこそいつもありがとうございます。 ・とんでもないです。 　例 いえいえ、とんでもないです。こちらこそお世話になっております。
「わかりました」と返事をする	・承知しました。 ・了解です。 ・OKです。
さようならの代わりに	・お気をつけて。（帰る人に） ・よろしくお伝えください。（その方との共通の知り合いに伝えてほしい） ・お先に失礼します。（先に帰るとき） ・では、失礼します。（その場から離れるとき） ・またよろしくお願いします。（次の約束があるとき、次の約束をしたいとき） ・がんばってください。（何か励ましたいとき）
もっと「あいづち」	・なるほど。（感心したとき） ・確かにそうですね。（自分もそうだなと思ったとき） ・その通りです。（その人が言っていることが正しいと思ったとき） ・助かります。（その人が助けてくれてありがたいとき） ・楽しみです。（次、会うこと、次に一緒に何かすることが約束できたとき） ・マジですか？（本当かどうか、びっくりしたとき） ・もちろんです。（それをすることが当然だというとき） ・大丈夫です。（①問題がなく、OKのとき　②「NO」といいづらいとき）
友達になる	・連絡先、聞いてもいいですか。 ・今度ぜひ（飲みにいきましょう）。（一度何か一緒にしてみたいとき）

丁寧体と普通体

日本語には、丁寧体と普通体があります。丁寧体は、目上の人や関係の遠い人と丁寧に話すときに使います。普通体は、友達や親しい関係の人と話すときに使います。
丁寧体は、文末に「です・ます」を使います。普通体は、文末に普通形を使ったり、助詞や名詞、ナ形容詞の語幹（活用しない部分）だけで終わったりします。

丁寧体と普通体の例

丁寧体	普通体
元気ですか。	元気？
はい、元気です。	うん、元気。
一緒に行きませんか。	一緒に行かない？
一緒に行きましょう。	一緒に行こう。
どうしたんですか。	どうしたの？
風邪みたいです。	風邪みたい。

日本語に敬語があることは有名です。しかし、仕事で敬語が必要な場合以外、基本的には「です・ます」を使って話していれば、失礼になることはありません。
ただし、丁寧体で話していても、直接的すぎて、誤りだと思われたり、失礼に聞こえたりすることがあるので、注意が必要です。

直接的すぎる例と適切な例

直接的な例	適切な例
お茶がほしいですか。	お茶はいかがですか。
今日は都合が悪いから、行きません。	すみません、今日はちょっと都合が悪くて…。
この仕事、してください。	この仕事、お願いします／お願いできますか。

丁寧なことは人間関係のために大切ですが、丁寧すぎると、遠い関係のままに感じられるかもしれません。周りの人の話し方をよく聞いて、どんな丁寧さ、どんな距離で相手と話したらいいか、ぜひ考えてみてください。

★ Polite style and casual style

Japanese is spoken in polite style or casual style. Polite style is used when speaking politely to people who are in a senior/higher-ranking position and people you are not close to. Casual style is used when speaking to friends and people you are close to.

In polite style, sentences end in "です・ます". In casual style, sentences end in normal form, or sometimes simply with post-positional particles, nouns, the stem (the part of the word that does not change when endings are added to it) of ナ形容詞 (na-form adjectives), etc.

Examples of polite style and casual style

Polite style	Casual style
元気ですか。	元気？
はい、元気です。	うん、元気。
一緒に行きませんか。	一緒に行かない？
一緒に行きましょう。	一緒に行こう。
どうしたんですか。	どうしたの？
風邪みたいです。	風邪みたい。

It is a well-known fact that there is honorific language in Japanese. Outside of when you use honorific language for work, however, you can generally use the "です・ます" format to speak to others without causing offense. Be careful, however, as even when speaking in polite style, you could still accidentally say something too direct, which may make the other person think your Japanese is wrong, or may offend them.

Example of a phrase/expression that is too direct and an appropriate phrase/expression

Example of a phrase/expression that is too direct	Example of an appropriate phrase/expression
お茶がほしいですか。	お茶はいかがですか。
今日は都合が悪いから、行きません。	すみません、今日はちょっと都合が悪くて…。
この仕事、してください。	この仕事、お願いします／お願いできますか。

Being polite is important in maintaining good relations. However, being too polite may keep the other person at a distance. Listen to how the people around you talk to each other, and think about what level of politeness and what sort of distance is appropriate between you and the other person.

★ Thể lịch sự lịch sự và thể bình thường

Trong tiếng Nhật có thể lịch sự và thể thông thường. Thể lịch sự dùng khi nói chuyện lịch sự với người bề trên hay người có quan hệ xa lạ. Thể thông thường dùng khi nói chuyện với bạn bè hay người có quan hệ thân thiết.

Thể lịch sự dùng "です・ます" ở cuối câu. Thể thông thường sử dụng dạng thông thường ở cuối câu hoặc chỉ kết thúc bằng trợ từ hay danh từ, từ gốc của tính từ ナ (phần không bị biến đổi).

Ví dụ thể lịch sự và thể thông thường

Thể lịch sự	Thể thông thường
元気ですか。	元気？
はい、元気です。	うん、元気。
一緒に行きませんか。	一緒に行かない？
一緒に行きましょう。	一緒に行こう。
どうしたんですか。	どうしたの？
風邪みたいです。	風邪みたい。

Tiếng Nhật nổi tiếng là có kính ngữ. Tuy nhiên, trừ khi cần kính ngữ trong công việc, về cơ bản, nếu nói bằng cách sử dụng "です・ます" thì không bị thất lễ.

Tuy nhiên, hãy lưu ý rằng ngay cả khi nói thể lịch sự, nó có thể quá trực tiếp và có thể bị nghĩ là sai hoặc nghe thấy thất lễ.

Ví dụ quá trực tiếp và ví dụ thích hợp

Ví dụ trực tiếp	Ví dụ phù hợp
お茶がほしいですか。	お茶はいかがですか。
今日は都合が悪いから、行きません。	すみません、今日はちょっと都合が悪くて…。
この仕事、してください。	この仕事、お願いします／お願いできますか。

Việc lịch sự rất quan trọng trong mối quan hệ, nhưng nếu quá lịch sự, thì có thể làm đối phương cảm thấy rằng mối quan hệ cứ xa cách mãi. Hãy lắng nghe cách nói chuyện của những người xung quanh và suy nghĩ xem nên nói chuyện lịch sự như thế nào, với khoảng cách như thế nào với đối phương.

★ 恭敬表达和普通表达

日语中有恭敬表达与普通表达。恭敬表达用于和长辈、上司或关系较远之人礼貌交谈时。普通表达用于和朋友或关系较近之人交谈时。

恭敬表达在句末使用「です・ます」。普通表达在句末使用普通形，或仅以助词或名词、ナ形容词语干（不活用的部分）结尾。

恭敬表达与普通表达示例

恭敬表达	普通表达
元気ですか。	元気？
はい、元気です。	うん、元気。
一緒に行きませんか。	一緒に行かない？
一緒に行きましょう。	一緒に行こう。
どうしたんですか。	どうしたの？
風邪みたいです。	風邪みたい。

日语里有敬语这点众所周知。但是，除了在工作中需要敬语的场合以外，基本上用「です・ます」说话便不会失礼。

不过需要注意的是，有时在讲话中虽然使用了恭敬表达，但会因为过于直接而让人误解或感到失礼。

过于直接和恰当的例子

直接的例子	恰当的例子
お茶がほしいですか。	お茶はいかがですか。
今日は都合が悪いから、行きません。	すみません、今日はちょっと都合が悪くて…。
この仕事、してください。	この仕事、お願いします／お願いできますか。

礼貌的态度对于建立良好人际关系非常重要，但过于礼貌，也可能让人感觉关系一直较远。

请仔细倾听周围人的说话方式，思考该以何种礼貌程度和距离感说话。

もくじ "今日からはじめる" 感じがいい日本語【初級レベル】

この本を使う方へ ……… 2
　　To users of this book ……… 3
　　Thân gửi các bạn sử dụng sách này ……… 4
　　致本书的读者 ……… 5

日本語学習をサポートしてくれる方へ ……… 6

この本の特長と使い方 ……… 7
　　Features of this book and how to use it ……… 11
　　Đặc điểm và cách dùng cuốn sách này ……… 15
　　本书特点及使用方法 ……… 19

便利な表現 ……… 23

丁寧体と普通体 ……… 24
　　Polite style and casual style ……… 25
　　Thể lịch sự lịch sự và thể bình thường ……… 26
　　恭敬表达和普通表达 ……… 27

Unit 1 自分のことを話してみよう ……… 31

Lesson 1 レー・ヴァン・アンと申します。 ……… 32
My name is Le Van An. ／ Tôi tên là Lê Văn An. ／ 我叫雷文安。

Lesson 2 この近くに住んでいます。 ……… 34
I live around here. ／ Tôi sống ở gần đây. ／ 我住在这附近。

Lesson 3 コンビニで働いたことがあります。 ……… 36
I have worked at a convenience store. ／ Tôi đã từng làm việc tại cửa hàng tiện lợi. ／ 我曾在便利店工作过。

Lesson 4 使い方、わかりますか。 ……… 38
Do you know how to use this? ／ Bạn có biết cách dùng không? ／ 你知道使用方法吗?

Lesson 5 スペイン語ができます。 ……… 40
I can speak Spanish. ／ Tôi biết tiếng Tây Ban Nha. ／ 我会西班牙语。

Lesson 6 日本語でメールが書けます。 ……… 42
I can write emails in Japanese. ／ Tôi có thể viết mail bằng tiếng Nhật. ／ 我会用日语写邮件。

Lesson 7 田中ユリの母の田中エミリです。 ……… 44
I am Emiri Tanaka, Yuri Tanaka's mother. ／ Tôi là Tanaka Emiri, là mẹ của Tanaka Yuri. ／ 我是田中百合的母亲，田中艾米莉。

Lesson 8 両親と兄が2人います。 ……… 46
I have two parents and two older brothers. ／ Tôi có bố mẹ và anh trai. ／ 我有父母和两个哥哥。

Lesson 9 ご家族はどちらにいらっしゃるんですか。 ……… 48
Where does your family live? ／ Quý gia đình đang ở đâu? ／ 您的家人在哪里?

やってみよう！ ……… 50
　　チャレンジ1 場面に合った自己紹介をしましょう。 ……… 51
　　チャレンジ2 宅配便を使って友達に荷物を送ってみましょう。 ……… 52

Unit 2 自分から話しかけてみよう ……… 55

Lesson 10 いい天気ですね。 ……… 56
The weather's nice, isn't it? ／ Trời đẹp nhỉ! ／ 天气真好啊。

Lesson 11 急に寒くなりましたね。 ……… 58
It's gotten so cold all of a sudden, hasn't it?. ／ Đột nhiên trời trở lạnh nhỉ! ／ 突然变冷了。

Lesson 12 休みの日って、何してるんですか。 ……… 60
What do you do on your days off? ／ Bạn thường hay làm gì vào ngày nghỉ ạ? ／ 休息日会做些什么?

Lesson 13 そのTシャツ、どこで買ったんですか。 ……… 62
Where did you get that T-shirt? ／ Áo phông đó bạn mua ở đâu vậy ạ? ／ 你在哪里买的这件T恤?

Lesson 14 やってみたいです。 ……… 64
I'd like to try that. ／ Tôi muốn thử làm. ／ 我想试试。

Lesson 15 それは大変でしたね。 ……… 66
That must have been difficult. ／ Cái đó vất vả thật nhỉ! ／ 那可真是不得了。

Lesson 16 私もです。 ……… 68
Me too. ／ Tôi cũng vậy. ／ 我也是。

Lesson 17 初めて日本語で電話したんですけど、緊張しました。 ……… 70
I spoke in Japanese on the phone for the first time, and I was nervous.
Lần đầu tiên tôi nói chuyện điện thoại bằng tiếng Nhật, tôi đã căng thẳng. ／ 我第一次用日语打电话了，很紧张。

やってみよう！ ……… 72
チャレンジ 身近な人と話してみましょう。 ……… 75

Unit 3 いろいろな機能の表現を使ってみよう ……… 77

Lesson 18 しもつ…、何ですか。 ……… 78
Shimotsu... What is that? ／ Shimotsu... nghĩa là gì? ／ Shimotsu… 什么?

Lesson 19 明日、お休みでしたっけ？ ……… 80
Did you have the day off tomorrow? ／ Ngày mai bạn nghỉ làm phải không nhỉ? ／ 明天休息来着?

Lesson 20 荷物を出しに行きました。 ……… 82
She went to drop off a package. ／ Cô ấy đã mang đồ đi gửi. ／ 她去寄东西了。

Lesson 21 ちょっとお昼、買ってきます。 ……… 84
I'm going to go buy some lunch. ／ Tôi đi mua đồ ăn trưa một chút. ／ 我去买午饭，马上回来。

Lesson 22 よろしくって言ってました。 ……… 86
She said hello. ／ Cô ấy có gửi lời hỏi thăm bạn. ／ 他说请多关照。

Lesson 23 ちょっと見てもらえませんか。 ……… 88
Could you take a look at this? ／ Xem giúp tôi một chút được không ạ? ／ 您能看一下吗?

Lesson 24 これ、使ってもいいですか。 ……… 90
Can I use this? ／ Tôi dùng cái này được không? ／ 我能用这个吗?

Lesson 25 その日は仕事があって…。 ……… 92
I actually have work that day... ／ Hôm đó tôi phải đi làm... ／ 那天我有工作…

Lesson 26 休ませていただけませんか。 ……… 94
Would it be possible for me to take a sick day? ／ Cho tôi nghỉ được không? ／ 我可以休息吗?

やってみよう！ ……… 96
チャレンジ 身近な人と話してみましょう。 ……… 99

Unit 4 教科書では学ばない日本語 ……… 101

Lesson 27 「台風が近づいています。」 ……… 102
"A typhoon is approaching." ／ "Bão đang đến gần". ／「台风来了。」

Lesson 28 地震だ。 ……… 104
It's an earthquake. ／ Động đất. ／ 地震了。

Lesson 29 何やってるんだ！ ……… 106
What are you doing?! ／ Đang làm gì đấy! ／ 你在干什么！

Lesson 30 飯、食ったか？ ……… 108
You eaten yet? ／ Ăn cơm chưa? ／ 吃饭了吗？

救急情報シートを作ってみよう ……… 110

コラム

コラム① 気になる！？ 星座・血液型 ……… 54

コラム② 話題――話しかけるきっかけ ……… 76

コラム③ 「言いさし文」とあいづち ……… 100

コラム④ 私のことが「こわい」！？ ……… 111

Unit 1

自分のことを話してみよう

相手とコミュニケーションをとるとき、自分のことが話せるというのはとても大切です。
このUnitでは、自分のことをより自然に、相手にわかりやすく伝えるための日本語を学びます。
一方的に伝えるだけではなく、自分のことを感じよく伝えられるよう、練習しましょう。

It is very important to be able to talk about yourself when communicating with others.
In this unit, you will learn how to talk about yourself in Japanese, in a natural way that is easy to understand.
Practice the lessons so that instead of focusing on just communicating the facts, you are able to talk about yourself in a friendly manner.

Khi giao tiếp với đối phương thì việc có thể nói về mình là rất quan trọng.
Trong Unit này, chúng ta sẽ học tiếng Nhật để truyền đạt cho đối phương về bản thân một cách tự nhiên và dễ hiểu hơn.
Hãy luyện tập để không chỉ truyền đạt một chiều, mà có thể truyền đạt để đối phương ấn tượng tốt về bản thân mình.

与他人交流时，能做到谈论自己非常重要。
本单元将学习如何更自然、更通俗易懂地对自己作介绍的日语。
不仅仅只是为了单方向表述，而是能够更好地把自己介绍给对方，一起来练习吧。

Lesson 1
レー・ヴァン・アンと申します。
My name is Le Van An.
Tôi tên là Lê Văn An.
我叫雷文安。

Lesson 2
この近くに住んでいます。
I live around here.
Tôi sống ở gần đây.
我住在这附近。

Lesson 3
コンビニで働いたことがあります。
I have worked at a convenience store.
Tôi đã từng làm việc tại cửa hàng tiện lợi.
我曾在便利店工作过。

Lesson 4
使い方、わかりますか。
Do you know how to use this?
Bạn có biết cách dùng không?
你知道使用方法吗？

Lesson 5
スペイン語ができます。
I can speak Spanish.
Tôi biết tiếng Tây Ban Nha.
我会西班牙语。

Lesson 6
日本語でメールが書けます。
I can write emails in Japanese.
Tôi có thể viết mail bằng tiếng Nhật.
我会用日语写邮件。

Lesson 7
田中ユリの母の田中エミリです。
I am Emiri Tanaka, Yuri Tanaka's mother.
Tôi là Tanaka Emiri, là mẹ của Tanaka Yuri.
我是田中百合的母亲，田中艾米莉。

Lesson 8
両親と兄が2人います。
I have two parents and two older brothers.
Tôi có bố mẹ và anh trai.
我有父母和两个哥哥。

Lesson 9
ご家族はどちらにいらっしゃるんですか。
Where does your family live?
Quý gia đình đang ở đâu?
您的家人在哪里？

気づかう 　 近づきたい 　 あいづち 　 確認する 　 もっと敬語 　 日本語上手 　 コスパ文法

Lesson 1

レー・ヴァン・アン と 申します。

と ＋「言う」の謙譲語

初めて会った人に自分の名前を言うとき、「～と申します」を使うと丁寧です。

OK?
□ 特別な謙譲語

会話1　場面 **新しい職場で自己紹介をしている**
Introducing yourself in a new workplace
Tự giới thiệu bản thân ở nơi làm việc mới
在新职场作自我介绍

①初めまして。
レー・ヴァン・アンと申します。
アンと呼んでください。

②ベトナムから参りました。
どうぞよろしく
お願いいたします。

Point
と呼んでください：日本人には外国人の名前は難しいので、呼んでほしい短い名前を伝えるといいです。
から参りました：出身を言うときは、「～から参りました」を使います。「参る」は「行く・来る」の謙譲語です。
お願いいたします：「いたす」は「する」の謙譲語です。「お願いします」より、「お願いいたします」のほうが丁寧です。

会話2　場面 **会社の面接**
Company interview
Phỏng vấn của công ty
公司面试

人物／関係性

 面接担当者
Interviewer
Người phụ trách phỏng vấn
面试官

 面接に来た人
Interviewee
Người đến phỏng vấn
来面试的人

①お名前は？

②チャン・ティ・ベと申します。

③ご出身は？

④ベトナムです。

Point
お名前は？：「お名前は何ですか」と同じ意味です。「何ですか」は言わないことが多いです。
ご出身は？：「ご出身はどこですか」と同じ意味です。「どこですか」は言わないことが多いです。「どこから来ましたか」という意味です。

と申します。

✐ わたしのことば　自分のフルネームを書きましょう。

● 自己紹介のとき、よく一緒に使います。

＊ と呼んでください。

✐ わたしのことば　自分が呼んでほしい名前を書きましょう。

＊ から参りました。

✐ わたしのことば　自分の出身を書きましょう。

アメリカ ／ インドネシア ／ オーストラリア ／ 韓国 ／ タイ ／ 台湾 ／ 中国 ／
ネパール ／ フィリピン ／ ブラジル ／ ベトナム ／ ペルー ／ ミャンマー

● 自己紹介の最後のあいさつとしてよく使います。

いつでも 使えます	新しい職場、 これから通う日本語教室、 サークルなどで使えます	新しい職場や 部署で使えます	
よろしく お願い いたします。	これからお世話になります。 どうぞよろしく お願いいたします。	ご迷惑をおかけする かもしれませんが、 どうぞよろしく お願いいたします。	一生懸命 がんばります。 どうぞよろしく お願いいたします。

✐ 練 習

1 自己紹介を書きましょう。初めに、自己紹介をする場所を決めましょう。

Write a self-introduction. First, choose the setting in which you will be introducing yourself.
Hãy viết lời tự giới thiệu bản thân. Trước tiên, hãy chọn nơi giới thiệu bản thân.
写自我介绍。首先确定作自我介绍的地方。

• 自己紹介をする場所（　　　　　　　　　　　　　）

初めまして。

_____（フルネーム）

_____（呼んでほしい名前）

_____（出身）

_____（最後のあいさつ）

Lesson 2

この 近<ruby>ちか</ruby>くに 住<ruby>す</ruby>んで います。

て形 + いる

住んでいる場所、仕事や、結婚してるか、していないかなど、自分の状態について話すとき、「～ています」を使います。

OK?
□ て形<ruby>けい</ruby>

会話1

場面　地域<ruby>ちいき</ruby>のサークルで、自己<ruby>じこ</ruby>紹介<ruby>しょうかい</ruby>している
Introducing yourself in the local community
Tự giới thiệu bản thân ở câu lạc bộ địa phương
在当地社交圈里作自我介绍

①初めまして。王です。
中国から参りました。

③どうぞよろしく
お願いいたします。

②この近くに住んでます。

Point 住んでます：「～ています」は、話し言葉では「～てます」と「い」を言わないことがあります。

会話2

場面　日本語教室で
In a Japanese language class
Ở lớp học tiếng Nhật
日语教室里

人物／関係性

 日本語教室の支援者
Japanese language school staff
Người hỗ trợ ở lớp học tiếng Nhật
日语教室的支援者

 日本語学習者
Japanese language student
Người học tiếng Nhật
日语学习者

①お仕事は？

②会社員です。
「タナカ」という会社で
働いています。

③ 国では病院で
働いていました。

Point お仕事は？：☞ Lesson1 会話2
という会社：「名前＋という（名詞）」を使って、ほかの人がよく知らないものを説明します。

例 ・トムヤムクンという料理（トムヤムクンは料理の名前です）
・フエという町（フエは町の名前です）
・○○という映画、○○という本（○○にはタイトルが入ります）
働いていました：過去の状態について「～ていました」で言うことができます。

この近く に住んでいます。

スーパーの近く ／ スーパーの隣 ／ 駅の北側 ／ 駅の向こう（側）

Unit 1 自分のことを話してみよう

✳ ＿＿＿＿ で働いています。

居酒屋 ／ 工場 ／ 市役所 ／ 病院 ／ スーパー ／ コンビニ ／ ファミレス ／
株式会社タナカ ／ 有限会社サトウ ／ （会社名）という会社

✳ ＿＿＿＿ をしています／やっています。

アルバイト ／ パート ／ 運転手／ 営業 ／ 会社員

※面接などでは「しています」を使ったほうがいいです。

Unit 2 自分から話しかけてみよう

> ┄┄┄「結婚しています」┄┄┄
>
> 「～ています」を使って「結婚しています」と言うこともできます。
> 結婚していないときは、「独身です」と言います。
> 離婚したときは、「離婚しました」は強い言い方なので、「今は一人です」や「今は独身です」などと言います。

✳ ＿＿＿＿ を勉強しています。

日本語 ／ 日本文化 ／ 経済／ 手話

Unit 3 いろいろな機能の表現を使ってみよう

✳ ＿＿＿＿ に通っています。

○○学校 ／ 塾 ／ ジム ／ 日本語教室 ／ 料理教室

✐ 練習

1 ◯ の中の話題で、「～ています」を使って、自分のことについて3つ、文を書きましょう。

Choose three topics in ◯ and write three sentences about yourself using "～ています".
Hãy dùng "～ています" và viết 3 câu về bản thân, với chủ đề trong ◯.
在 ◯ 话题里，用「～ています」句式写三个关于自己的句子。

結婚 ／ 仕事 ／ 学校 ／ 趣味 ／ 住んでいるところ

例 日本語教室に通っています。居酒屋でアルバイトをやっています。

1) ＿＿＿＿＿＿＿＿＿＿＿＿＿＿＿＿＿＿＿＿＿＿＿＿

2) ＿＿＿＿＿＿＿＿＿＿＿＿＿＿＿＿＿＿＿＿＿＿＿＿

3) ＿＿＿＿＿＿＿＿＿＿＿＿＿＿＿＿＿＿＿＿＿＿＿＿

Unit 4 教科書では学べない日本語

気づかう　近づきたい　あいづち　確認する　もっと敬語　日本語上手　コスパ文法

Lesson 3　コンビニで 働いた ことが あります。

た形 ＋ ことがある

自分の経験を言うとき、「〜たことがあります」を使います。いつもしていることには使いません。

OK?
□ た形

会話1　場面　**アルバイトの面接で**
Interview for part-time job
Tại buổi phỏng vấn việc làm thêm
兼职面试时

人物／関係性 **面接担当者**
Interviewer
Người phụ trách phỏng vấn
面试官

 面接に来た人
Interviewee
Người đến phỏng vấn
来面试的人

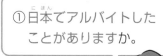

① 日本でアルバイトした
ことがありますか。

② はい、
コンビニで働いた
ことがあります。

会話2　場面　**工場で新しく入ってきた後輩に、先輩が質問をしている**
Senior employee asking a new junior employee at the factory a question
Đàn anh đang hỏi đàn em mới vào làm ở nhà máy
工厂里，前辈正向新入职的后辈提问

人物／関係性 **会社の先輩**
Senior employee
Đàn anh trong công ty
公司前輩

 会社の後輩
Junior employee
Đàn em trong công ty
公司后輩

① この機械、
使ったことある？

② はい、
あります。

③ 前の会社で
使っていました。

Point　**この機械、使ったことある？**：助詞の「を」「が」は、話すとき、言わないこともあります。
はい、あります：返事は、「はい、あります」「いいえ、ありません」のように、「〜たことが」を言わなくてもいいです。
使っていました：☞ Lesson2 会話2

| 会話 3 | 場面 | **会社の面接**
Company interview
Phỏng vấn của công ty
公司面试 | 人物／関係性 | | **面接担当者**
Interviewer
Người phụ trách phỏng vấn
面试官 | | **面接に来た人**
Interviewee
Người đến phỏng vấn
来面试的人 |

① 今まで、何かアルバイトしたことがありますか。

② 国では、ありますが、日本ではありません。

Point　～は、～は：比べて説明するとき、助詞は「は」を使います。

言葉と表現

コンビニで働いた　ことがあります。

この機械を使った〔使う〕 ／ 沖縄へ行った〔行く〕 ／ 日本茶を飲んだ〔飲む〕 ／
日本語で映画を見た〔見る〕 ／ 納豆を食べた〔食べる〕 ／ 野球をした〔する〕 ／
PTAの役員をやった〔やる〕 ／ 富士山に登った〔登る〕

練習

1 例のように書きましょう。

Model after 例 as reference. ／ Hãy viết giống như 例. ／ 参照 例 写句子。

例 コンビニ・働く　➡　コンビニで働いたことがあります。

1）このアプリ・使う　➡

2）富士山・行く　➡

3）釣り・する　➡

2 自分の経験を書きましょう。

Write some of your own experiences. ／ Hãy viết về kinh nghiệm của bản thân. ／ 写自己的经历。

例 大きな魚を釣ったことがあります。

例 ボランティアで通訳をしたことがあります。

気づかう　近づきたい　あいづち　確認する　もっと敬語　日本語上手　コスパ文法

Lesson 4

使い方、わかります か。

（が）＋ わかる

「わかります」は「〜がわかります」と助詞は「が」を使います。話すとき、「が」は言わないことがあります。

OK?
□ わかる

 会話 1

場面　**職場で新人に説明をしている**
Explaining something to a new employee in the workplace
Giải thích cho nhân viên mới ở chỗ làm
在职场向新人作说明

人物／関係性 **同じ職場の人**
Employee at the workplace
Người ở cùng chỗ làm
同职场的人

 新人
New employee
Nhân viên mới
新人

① これ、使い方、わかりますか

② いいえ…。すみません。

Point

〜方：「動詞のます形＋方」で方法を表します。

いいえ…。すみません。：「わからなくてすみません」という気持ちと、「これから教えてもらうので、手間をかけさせて、すみません」という気持ちがあります。

 会話 2

場面　**電話で取引先の人と話している**
Talking to a client company on the phone
Nói chuyện với người của bên đối tác qua điện thoại
通过电话与客户交谈

人物／関係性 **A社の人**
Company A employee
Người của công ty A
A公司的人

 B社の人
Company B employee
Người của công ty B
B公司的人

① 会社の場所、わかりますか。

② あ、住所はわかるんですが、行き方がちょっと…。

③ じゃあ、地図、メールで送っておきますね。

④ ありがとうございます。よろしくお願いします。

Point

あ：相手の質問に答えて話し始めるとき、使うことがあります。

ちょっと…：「わかりません」と、最後まではっきり言わないで、「わからない」ことを伝えます。

おきます：何かの準備のためにすることを「（〜て）おきます」で表します。A社の人はB社の人が来るための準備で、地図を送ります。

使い方、わかりますか。

読み方 / 書き方 / し方・やり方 / 食べ方 / 行き方 / ベトナム語 / スペイン語

Unit 1 自分のことを話してみよう
Unit 2 自分から話しかけてみよう
Unit 3 いろいろな機能の表現を使ってみよう
Unit 4 教科書では学ばない日本語

● 「〜わかりますか」と聞かれたら、次のような答え方があります。

✳ はい、（　　　　　　　）わかります。

↕ だいたい
少し
なんとなく

✳ いいえ、ちょっと…。

● そのやり方や方法がわからないとき、次のような聞き方があります。

✳ すみません、　　　　　　がわからないんですが…。

この漢字の読み方
この漢字の書き方
これの使い方
これの食べ方

🖊 練習

1 質問に答えましょう。

Answer the question. ／ Hãy trả lời câu hỏi. ／ 回答问题。

1）日本語はわかりますか？

例 はい、少しわかります。

例 ひらがなとカタカナはわかります。漢字はちょっと…。

_____

2）歯医者の予約のし方はわかりますか？

_____

気づかう　近づきたい　あいづち　確認する　もっと敬語　日本語上手　コスパ文法

Lesson 5　スペイン語が できます。

が ＋ できる

何ができるかを言いたいとき、「图＋が できます」を使います。

OK?
□ できる

 会話 1

場面 **国際交流協会で、自己紹介をしている**
Introducing yourself at an international exchange association meeting
Tự giới thiệu bản thân ở Hội giao lưu quốc tế
在国际交流协会上作自我介绍

②3年間スペインに住んでいたので、スペイン語ができます。

①初めまして。リンです。中国から参りました。

どうぞよろしくお願いいたします。

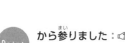

Point
から参りました ：☞ Lesson1 会話1
住んでいた ：☞ Lesson2 会話2
お願いいたします ：☞ Lesson1 会話1

 会話 2

場面 **会社の面接**
Company interview
Phỏng vấn của công ty
公司面试

人物／関係性

面接担当者
Interviewer
Người phụ trách phỏng vấn
面试官

面接に来た人
Interviewee
Người đến phỏng vấn
来面试的人

①車の運転はできますか。

③トラックは？

②はい、できます。

④トラックはちょっと…。

Point
はできますか：質問するときは、「～はできますか」と聞くことが多いです。
はい、できます：答えるとき、「車の運転は」は言わなくてもいいです。
トラックは？：「トラックはどうですか」の意味です。☞ Lesson1 会話2
ちょっと…：「できません」とはっきり言わないで、できないことを伝えます。☞ Lesson4 会話2

スペイン語 ができます。

トラックの運転 ／ バイクの運転 ／ 日本語 ／ 英語 ／ ダンス ／ 空手 ／ サーフィン

✏ わたしのことば　できることを書きましょう。

● 「(動)辞書形) ＋ことができます。」も使います。

＊　＿＿＿＿＿ ことができます。

日本語の新聞を読む ／ 日本料理を作る ／ 夜、働く ／ 生の魚を食べる ／
バイクを運転する ／ ピアノを弾く

✏ わたしのことば　できることを書きましょう。

✏ 練 習

1 例のように書きましょう。助詞と動詞の形に気を付けましょう。

Model after 例 as reference. Pay attention to the form of the post-positional particle and the verb.
Hãy viết giống như 例. Hãy chú ý dạng của trợ từ và động từ.
参照 例 写句子。注意助词和动词的形式。

例 日本語の新聞　・　　　・書きます
1）日本語でメール　・　　　・読みます
2）ギター　　　　・　　　・話します
3）英語　　　　・　　　・運転します
4）バイク　　　　・　　　・弾きます

例 日本語の新聞を読むことができます。

1）＿＿＿＿＿＿＿＿＿＿＿＿

2）＿＿＿＿＿＿＿＿＿＿＿＿

3）＿＿＿＿＿＿＿＿＿＿＿＿

4）＿＿＿＿＿＿＿＿＿＿＿＿

Unit 1 自分のことを話してみよう
Unit 2 自分から話しかけてみよう
Unit 3 いろいろな機能の表現を使ってみよう
Unit 4 教科書では学ばない日本語

気づかう　近づきたい　あいづち　確認する　もっと敬語　日本語上手　コスパ文法

Lesson 6　日本語で メールが 書けます。

が ＋ 可能

できることやできないことを言いたいとき、動詞の可能形を使うことができます。

OK?
□ 可能

会話 1

場面　**会社の面接**
Company interview
Phỏng vấn của công ty
公司面试

人物／関係性　**面接担当者**
Interviewer
Người phụ trách phỏng vấn
面试官

面接に来た人
Interviewee
Người đến phỏng vấn
来面试的人

② だいたいわかります。
新聞や雑誌は読めます。

① 日本語は
どのくらい
わかりますか。

③ それから、
日本語でメールが書けます。

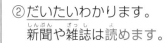

Point　
わかります：☞ Lesson4
だいたい：☞ P.39 言葉と表現

会話 2

場面　**会社の飲み会**
Company drinking party
Tiệc nhậu của công ty
公司酒会

人物／関係性　**アリフさんの同僚**
Alif's coworker
Đồng nghiệp của Arifu
阿瑞夫的同事

アリフさん
Alif
Arifu
阿瑞夫

① アリフさん、
お酒は飲めますか。

② あ、すみません。
お酒はちょっと…。

でも、飲み会は好きです。
今、ウーロン茶を
飲んでいます。

Point　
ちょっと…：「お酒は飲めません」とはっきり言わないで、飲めないことを伝えます。☞ Lesson4 会話 2

| 会話
3 | 場面 | 会社の飲み会
Company drinking party
Tiệc nhậu của công ty
公司酒会 | 人物／関係性 | | アリフさんの同僚
Alif's coworker
Đồng nghiệp của Arifu san
阿瑞夫的同事 | | アリフさん
Alif
Arifu san
阿瑞夫 |

②これ、豚肉ですよね…。

①アリフさん、しゃぶしゃぶ食べない<u>んですか</u>。

③私、イスラム教徒なので、豚肉が<u>食べられない</u>んです。

④<u>あ</u>、<u>そうなんですか</u>。じゃあ、これ食べますか？

⑤あ、ありがとうございます。

Point

んですか：理由や説明が聞きたいとき、「〜んですか」で質問します。☞ Lesson9

食べられないんです：「食べられません」の普通形「食べられない」＋「んです」の形です。「〜んです」は、自分の状況を説明したいときに使います。

あ：☞ Lesson4 会話2

そうなんですか：「〜んです」を使って話した文に答えるときや、説明・理由を聞いたときのあいづちに使います。とてもよく使うあいづちです。

言葉 と 表現

━━

| 日本語でメール | が | 書けます | 。 |

漢字 ／ 納豆 ／ 和食 ／
パソコン ／ スキー

食べられます〔食べる〕／ 作れます〔作る〕／
使えます〔使う〕／ できます〔する〕

✎ 練 習

1 あなたのことについて可能を使って答えましょう。

Fill in the following statements about yourself using the potential form.
Hãy trả lời về bạn bằng cách dùng diễn đạt có thể.
根据你的情况用可能的表达方式回答。

1）お酒が

_____

2）ピアノが

_____

3）生の魚が

_____

4）日本語でメールが

_____

気づかう　近づきたい　あいづち　確認する　もっと敬語　日本語上手　コスパ文法

Lesson 7

田中ユリの 母の 田中エミリ です。

人の名前
（相手が知っている人）　　関係を表す言葉　　自分の名前

自己紹介するとき、相手にとってわかりやすい関係性を使って自分の名前を言うことがあります。「人の名前」は相手が知っている人の名前が入ります。

OK?
□ 家族の名称

会話 1　場面

子どもの先生に自己紹介をする
Introducing yourself to your child's teacher
Tự giới thiệu bản thân với giáo viên của con mình
向孩子的老师作自我介绍

人物／関係性

 田中エミリ（ユリの母）
Emiri Tanaka (Yuri's mother)
Tanaka Emiri (mẹ của Yuri)
田中艾米莉（百合的母亲）

 ユリの先生
Yuri's teacher
Giáo viên của Yuri
百合的老师

①初めまして。
田中ユリの母の
田中エミリです。

よろしく
お願いします。

②あ、ユリさんの
お母さんですか。

こちらこそ
よろしくお願いします。

会話 2　場面

会社で山田さんが田中さんを別の部署の人に紹介している
Mr. Yamada introducing Mrs. Tanaka to someone from a different department in the office
Anh Yamada đang giới thiệu chị Tanaka cho người ở bộ phận khác ở công ty
公司里，山田正向其它部门的人介绍田中

人物／関係性

 山田さん（田中エミリの先輩）
Mr. Yamada (Employee senior to Emiri Tanaka)
Yamada (đàn anh của Tanaka Emiri)
山田（田中艾米莉的前辈）

 田中エミリ
Emiri Tanaka
Tanaka Emiri
田中艾米莉

①こちらが、
営業課の田中さん。

②初めまして。
山田さんの後輩の田中エミリです。
どうぞよろしくお願いいたします。

会話 3

場面 田中一郎（エミリの夫）の職場のバーベキューで
At Ichiro Tanaka (Emiri's husband)'s office BBQ
Tại tiệc nướng BBQ ở nơi làm việc của Tanaka Ichiro (chồng của Emiri)
田中一郎（艾米莉的丈夫）所在职场的烧烤会上

人物／関係性 田中エミリ
Emiri Tanaka
Tanaka Emiri
田中艾米莉

 福田さん（エミリの夫の同僚）
Mr. Fukuda (Coworker of Emiri's husband)
Fukuda (đồng nghiệp của chồng Emiri).
福田（艾米莉丈夫的同事）

①福田さんですか？
田中一郎の妻のエミリです。

②夫がいつもお世話になっております。

③あ、田中さんの奥さんですか。初めまして。

こちらこそお世話になっております。

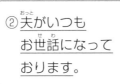

Point ○○がいつもお世話になっております：家族と同じ職場の人や、子どもの学校の先生など、自分の家族がお世話になっている人に会ったときに言います。
こちらこそ：相手に感謝の言葉などを言われて、自分も相手に感謝しているとき、「こちらこそ〜」と言います。「こちらこそ」だけでもいいです。

言葉と表現

田中ユリ の 母 の 田中エミリ です。

相手が知っている人の名前

部下／同期／後輩／友人／
父／母／夫／妻

自分の名前

練 習

1 ◯ の中から場面を１つ選んで、例 のように書きましょう。
Choose a scenario from ◯ and write a sentence, modeling after 例 as reference.
Hãy chọn 1 tình huống ở trong ◯ và viết như 例 .
从 ◯ 选取一个场景，参照 例 写句子。

①子どもの学校の懇談会 ／ ②家族の職場のバーベキュー ／ ③友人が所属しているスポーツチーム ／ ④友人の地元のお祭り ／ ⑤先輩の担当だった取引先 ／ ⑥会社の上司の得意先

例 ①初めまして。田中ユリの母の田中エミリです。どうぞよろしくお願いいたします。

_____

_____

45

Lesson
8

両親と 兄が 2人 います。

が ＋ （人数 ＋ ）いる

自分の家族について説明するとき、「〜がいます」を使います。
数は、「います」の前に言います。数を言わないこともあります。

OK?
□ 家族の名称　□ いる／ある

会話 1

| 場面 | 日本語教室で
In a Japanese language class
Ở lớp học tiếng Nhật
日语教室里 | 人物／関係性 | 日本語教室の支援者
Japanese language school staff
Người hỗ trợ ở lớp học tiếng Nhật
日语教室的支援者 | 日本語学習者
Japanese language student
Người học tiếng Nhật
日语学习者 |

① ご家族は？

② 両親と兄が2人います。
それから、犬がいます。

Point

両親：自分の「お父さんとお母さん」についてほかの人に話すときは、「両親」と言います。「お父さん」は「父」、「お母さん」は「母」と言います。

兄：「お兄さん」は「兄」と言います。「お姉さん」は「姉」と言います。

犬がいます：家族の説明のときに、ペットの話をすることもあります。

会話 2

| 場面 | 会社の面接
Company interview
Phỏng vấn tại công ty
公司面试 | 人物／関係性 | 面接担当者
Interviewer
Người phụ trách phỏng vấn
面试官 | 面接に来た人
Interviewee
Người đến phỏng vấn
来面试的人 |

① ご家族は？

② 両親と
兄が3人
います。

③ そうですか。
お兄さんが3人も
いらっしゃるんですか。

それはにぎやか
ですね。

Point

兄が3人：「兄」が何人いるかを表すとき、「が」と「います」の間に、人数を入れます。「兄が2人、姉が1人います」「姉が2人、弟が1人います」などと言うこともできます。

も：「数字＋も」で、その数が多いと思っていることを表します。

いらっしゃる：☞ Lesson9

それはにぎやかですね：☞ Lesson15

両親 と 兄 が 2人 います。

両親 / 父 / 母 / 祖父 / 祖母 /
夫 / 妻 / 兄 / 姉 / 弟 / 妹

1人 / 2人 / 3人 / 4人…

数を数えるときの表現

人

1人 / 2人 / 3人 / 4人 / 5人 / 6人 / 7人(7人) / 8人 / 9人 / 10人 / 11人

動物・魚・虫など

1匹 / 2匹 / 3匹 / 4匹 / 5匹 / 6匹 / 7匹 / 8匹 / 9匹 / 10匹 / 11匹

生き物以外のものや年齢

1つ / 2つ / 3つ / 4つ / 5つ / 6つ / 7つ / 8つ / 9つ / 10 / 11

兄弟の順番などを表す言葉

一人っ子 / ○人兄弟 / ○人兄弟の真ん中 / ○人兄弟の△番目 / ○人兄弟の末っ子 /
長男 / 長女

市役所などでよく使われる家族の言葉

配偶者 / 夫 / 妻 / 長男 / 長女 / 次男 / 次女 / 祖父 / 祖母 / 義父 / 義母

✐ 練 習

① 質問に答えましょう。
Answer the questions. ／ Hãy trả lời câu hỏi. ／ 回答问题。

1）ご家族は？
例 妻と、娘が1人います。
例 両親と姉が1人、弟が1人、それから猫が1匹います。

2）ご兄弟は？
例 私は一人っ子です。
例 私は5人兄弟の2番目です。

気づかう ・ 近づきたい ・ あいづち ・ 確認する ・ もっと敬語 ・ 日本語上手 ・ コスパ文法

Lesson 9

ご家族は どちらに いらっしゃるんです か。

「いる」の尊敬語

初めて会った人や、年上の人に話すときは敬語を使います。「います」の敬語は「いらっしゃいます」です。「どこ」を丁寧に言うと「どちら」になります。「家族」は「ご家族」になります。相手に興味があって聞きたいとき、「〜んですか」を使って質問します。

OK?
□ 特別な尊敬語

会話1

場面	バーベキューで At a barbeque Ở tiệc nướng BBQ 焼烤会上

 人物 エミリさん Emiri / Emiri / 艾米莉

 カルロスさん Carlos / Carlos / 卡洛斯

関係性	初対面 Meeting each other for the first time Lần đầu gặp mặt 初次见面

①カルロスさんは1人で日本に住んでるんですか。

②そうなんです。

③じゃあ、ご家族はどちらにいらっしゃるんですか。

④フランスです。

Point
カルロスさん：話している相手でも「あなた」とは言わず、相手の名前を言います。
住んでる：☞ Lesson2 会話1
そうなんです：「〜んですか」を使った質問に答えるときに使います。

会話2

場面	日本語教室で In a Japanese language class Ở lớp học tiếng Nhật 日语教室里

 人物／関係性 日本語教室の支援者 Japanese language school staff / Người hỗ trợ ở lớp học tiếng Nhật / 日语教室的支援者

日本語学習者 Japanese language student / Người học tiếng Nhật / 日语学习者

①娘さんがいらっしゃるんですか。

②はい。

③おいくつなんですか。

④5歳です。

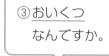

Point
おいくつ：「おいくつ」は、ここでは「何歳」の意味です。

Unit
1
自分のことを話してみよう

Unit
2
自分から話しかけてみよう

Unit
3
いろいろな機能の表現を使ってみよう

Unit
4
教科書では学ばない日本語

会話 3

日本語教室で
In a Japanese language class
Ở lớp học tiếng Nhật
日语教室里

日本語教室の支援者
Japanese language school staff
Người hỗ trợ ở lớp học tiếng Nhật
日语教室的支援者

日本語学習者
Japanese language student
Người học tiếng Nhật
日语学习者

① 息子さんがいらっしゃるんですか。

② はい。もう社会人なんです。

③ 今はどちらにいらっしゃるんですか。

④ 今はインドネシアで働いています。

Point　社会人：もう学生ではなく、働いている人のことです。
働いています：☞ Lesson2

言葉 と 表現

ご家族 は どちらに いらっしゃるんですか。

ご両親 ／ ご兄弟 ／ お兄さん ／ お姉さん ／ 弟さん ／ 妹さん
ご主人 ／ 奥さん ／ 息子さん ／ 娘さん ／ おじいさん ／ おばあさん ／ ご親戚

● 相手のことに使う丁寧な言葉

お住まい ➡ お住まいはどちらですか。　　**ご出身** ➡ ご出身はどちらですか。
おいくつ ➡ お子さんはおいくつですか。

✏ 練習

1 例のように丁寧な質問に変えましょう。

Convert the following questions into more polite versions, modeling after 例 as a reference.
Hãy chuyển thành câu hỏi lịch sự như 例.
参照 例 改成礼貌的提问。

例 家族はどこにいるの？ ➡ ご家族はどちらにいらっしゃるんですか。

1) 両親はどこにいるの？

➡ _____

2) どこに住んでいるの？

➡ _____

3) お父さんとお母さんは何歳なの？

➡ _____

文法や言葉の力をつけよう

問題1 正しい方に、〇をつけましょう。 ▶L2 ▶L3 ▶L4 ▶L6

1）私は、東京　**に／で**　住んでいます。

2）日本語　**が／を**　わかります。

3）前、市役所で　**働いた／働いて**　ことがあります。

4）新聞が　**読めます／読められます**。

5）納豆が　**食べません／食べられません**。

6）3年前からこの近くに　**住みます／住んでいます**。

コミュニケーション力をつけよう

問題1 コンビニで、アルバイトの面接を受けます。どんな日本語がいいですか？ 下の □ から選んでカタカナを書きましょう。

A：では、面接を始めますね。

B：① _____

A：えっと…、マーク・ジェイムス・山田さんかな？

B：② _____

A：山田さん、お住まいは…？

B：③ _____

A：そうですか。今日は何でここまで？

B：④ _____

A：近いですね。夜も働けますか。

B：⑤ _____

A：今までコンビニで働いたことがありますか。

B：⑥ _____

A：お！　それはいいですね。じゃあ、漢字もわかりますか。

B：⑦ _____

▶L1　レー・ヴァン・アンと申します。
▶L2　この近くに住んでいます。
▶L3　コンビニで働いたことがあります。
▶L5　スペイン語ができます。

ア．よろしくお願いします。　イ．はい。いつでも大丈夫です。
ウ．本町です。駅の北側に住んでいます。
エ．自転車できました。歩いても20分くらいです。
オ．はい、あります。去年6ヶ月働きました。
カ．読むことはできますが、書くのはちょっと…。　キ．はい。山田と申します。

チャレンジ 1

場面に合った自己紹介をしましょう。
下の①～③の中から選んで番号を書き、

▶L1　レー・ヴァン・アンと申します。
▶L2　この近くに住んでいます。
▶L3　コンビニで働いたことがあります。
▶L5　スペイン語ができます。
▶L6　日本語でメールが書けます。
▶L7　田中ユリの母の田中エミリです。
▶L8　両親と兄が2人います。

1　自分に合う場面を選んで、自己紹介を書きましょう。

2　書いた自己紹介文を読んで練習しましょう。

3　文を見ないで言いましょう。

① 会社

例　初めまして、グエン・タン・ズンと申します。ズンと呼んでください。ベトナムから参りました。前は株式会社エンジョイという会社で働いていました。これからお世話になります。どうぞよろしくお願いいたします。

② 交流協会／趣味のサークル

例　初めまして、エン・サムヘンです。エンちゃんと呼んでください。出身はカンボジアです。大山小学校の近くに住んでいます。日本語は少しわかります。中国語も少しわかります。でも、漢字はあまり書けません。趣味は旅行です。早くみなさんと仲良くなりたいです。よろしくお願いします。

③ 保護者会

例　皆さん、初めまして。山田浩の母の山田リジアと申します。私は、20年前にブラジルから日本へ来ました。日本語はだいたいわかりますが、難しい言葉はわからないことがあるかもしれません。息子ともども、よろしくお願いいたします。

_____
_____
_____
_____
_____

★チャレンジできましたか。できたことをチェックしましょう。

チャレンジ	できたこと	できた！
1	場面に合った自己紹介文を書くことができた。	☐
2	自己紹介文を見ながら、止まらずに言うことができた。	☐
3	文を見ないで、相手の顔を見ながら言うことができた。	☐

Unit 1　自分のことを話してみよう

Unit 2　自分から話しかけてみよう

Unit 3　いろいろな機能の表現を使ってみよう

Unit 4　教科書では学ばない日本語

書いてみよう

①自分の名前を書こう

カタカナ	
ひらがな	
アルファベット	
漢字	
パスポートの名前	
通称	

＊順番や、小さい文字、伸ばす音に気を付けて！

②自分の住所を書こう

郵便番号	
漢字	
カタカナ	

＊アパートやマンションの名前、部屋の番号もしっかり書きましょう。

チャレンジ2

宅配便を使って友達に荷物を送ってみましょう。

1 コンビニへ行って、宅配便のラベル（送り状）をもらいましょう。　▶L24 これ、使ってもいいですか。

例　あなた：すみません。宅配便のラベル（送り状）をもらってもいいですか。
　　店員　：はい。少々お待ちください。

2 宅配便のラベルを書きましょう。

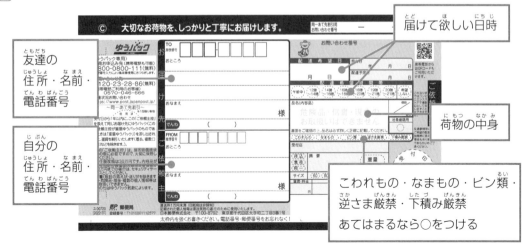

＊これは郵便局のラベルです。コンビニによってもらえるラベルは違います。

③ 書いたラベルを日本人に見てもらいましょう。　　　　　▶ L23　ちょっと見てもらえませんか。

例　あなた：すみません。ちょっといいですか。
　　日本人：はい。
　　あなた：友達に荷物を送るので、これを書いたんですが、ちょっと見てもらえませんか。

★チャレンジできましたか。できたことをチェックしましょう。

チャレンジ	できたこと	お願いした人	できた！
①	コンビニでラベルをもらうことができた。	コンビニの店員さん	☐
②	ラベルに必要なことを書くことができた。		☐
③	日本人にラベルをチェックしてもらうことができた。	（　　　　　　　）さん	☐

気になる！？　星座・血液型

　皆さんの国ではあまり聞かれないことを、日本人に聞かれることがあるので、準備しておくといいと思います。例えば、星座（おうし座、いて座など）、血液型（A、B、AB、O、わからないときはわからないと言って大丈夫です）、干支（十二支）、学年（特にお子さんは、「今、何年生？」とよく聞かれます）、和暦での生年月日（昭和、平成、令和〇年）です。和暦は、書類を書く時にも使います。自分が和暦で何年生まれか調べておくといいでしょう。書類では「昭和・平成・令和」と書いてあったり、「S・H・R」と書いてあったりします。あてはまるところに〇をつけます。最近は「西暦」を選べるときもあります。生年月日を書くときは注意してください。

●西暦・和暦と干支（十二支）

西暦	和暦		十二支
1984年	昭和	59年	子
1985年		60年	丑
1986年		61年	寅
1987年		62年	卯
1988年		63年	辰
1989年	（1月7日まで）64年	巳
	平成（1月8日から）	元年	
1990年		2年	午
1991年		3年	未
1992年		4年	申
1993年		5年	酉
1994年		6年	戌
1995年		7年	亥
1996年		8年	子
1997年		9年	丑
1998年		10年	寅
1999年		11年	卯
2000年		12年	辰
2001年		13年	巳
2002年		14年	午
2003年		15年	未

西暦	和暦		十二支
2004年		16年	申
2005年		17年	酉
2006年		18年	戌
2007年		19年	亥
2008年		20年	子
2009年		21年	丑
2010年		22年	寅
2011年	平成	23年	卯
2012年		24年	辰
2013年		25年	巳
2014年		26年	午
2015年		27年	未
2016年		28年	申
2017年		29年	酉
2018年		30年	戌
2019年	（4月30日まで）31年	亥
	令和（5月1日から）	元年	
2020年		2年	子
2021年		3年	丑
2022年		4年	寅
2023年		5年	卯

Unit 2

自分から
話しかけて
みよう

Communicating with other people by greeting them or asking them simple questions is the first step to building good relations with them.
In this unit, you will learn phrases and sentence structures that will help you to do so.
We encourage you to be proactive in initiating conversations with others.

Tự mình chủ động chào, hỏi những câu hỏi đơn giản để giao tiếp với đối phương là bước đầu tiên để tạo mối quan hệ tốt. Trong Unit này, chúng ta sẽ học những cách nói hữu dụng trong giao tiếp như vậy. Các bạn cũng hãy thử tự mình chủ động bắt chuyện nhé.

主动问候、简单提问、与对方沟通是构筑良好人际关系的第一步。
本单元将学习有助于这类沟通的表达方式。
大家也要主动与人搭话哦。

自分からあいさつをしたり、簡単な質問をしたりして、相手とコミュニケーションを取ることは、良い人間関係を作る第一歩です。
このUnitでは、そんなコミュニケーションに役立つ言い方を勉強します。皆さんもぜひ自分から話しかけてみましょう。

Lesson 10

いい天気ですね。
The weather's nice, isn't it?
Trời đẹp nhỉ!
天气真好啊。

Lesson 11

急に寒くなりましたね。
It's gotten so cold all of a sudden, hasn't it?.
Đột nhiên trời trở lạnh nhỉ!
突然变冷了。

Lesson 12

休みの日って、何してるんですか。
What do you do on your days off?
Bạn thường hay làm gì vào ngày nghỉ ạ?
休息日会做些什么?

Lesson 13

そのＴシャツ、どこで買ったんですか。
Where did you get that T-shirt?
Áo phông đó bạn mua ở đâu vậy ạ?
你在哪里买的这件T恤?

Lesson 14

やってみたいです。
I'd like to try that.
Tôi muốn thử làm.
我想试试。

Lesson 15

それは大変でしたね。
That must have been difficult.
Cái đó vất vả thật nhỉ!
那可真是不得了。

私もです。
Me too.
Tôi cũng vậy.
我也是。

Lesson 17

初めて日本語で電話したんですけど、緊張しました。
I spoke in Japanese on the phone for the first time, and I was nervous.
Lần đầu tiên tôi nói chuyện điện thoại bằng tiếng Nhật, tôi đã căng thẳng.
我第一次用日语打电话了,很紧张。

The weather's nice, isn't it?	Trời đẹp nhỉ!	天气真好啊。

気づかう 近づきたい あいづち 確認する もっと敬語 日本語上手 コスパ文法

Lesson 10 いい 天気です ね。

あいさつのとき、簡単な短い話をすると感じがいいです。天気の話は、あいさつのときに使いやすいです。「～ね」はお互いに知っている話のときに使います。共感を表すことができます。あいさつは、自分から先にすることが大切です。

OK?
☐ ね
（ですね）

会話 1 | 場面 道で On the street / Ở ngoài đường / 路上 | 人物／関係性   近所の人同士 Neighbors / Hàng xóm của nhau / 邻居

① おはよう ございます。

② あ、おはよう ございます。

③ 今日は いい天気ですね。

④ ええ、ほんとに。

Point
あ：相手に気付いたことを表します。これがあると、とても自然です。
ええ、ほんとに：「はい、本当にそうですね」を短くした言い方です。「本当」は話すとき、「ほんと」と短くなることがあります。

会話 2 | 場面 会社の駐車場で At the company parking lot / Ở bãi đỗ xe của công ty / 公司停车场 | 人物 山崎さん Ms. Yamazaki / Yamazaki / 山崎 | 渡辺さん Mr. Watanabe / Watanabe / 渡边 | 関係性 会社の同僚 Coworkers at a company / Đồng nghiệp ở công ty / 公司同事

① あ、渡辺さん、お疲れさまです。

② あ、山崎さん。いやー、今日も寒いですねー。

③ ほんとに寒いですね。

Point
あ、○○さん：相手に気付いたとき、名前を呼ぶと自然です。会話を始めるとき、よく使います。
いや (ー)：驚いたり、感動したりしたときに使います。ここでは「本当にそう思う」という気持ちを表します。
ねー：「～ね」は「～ねー」のように長くなることもあります。

56

会話 3

場面 道で
On the street
Ở ngoài đường
路上

人物 ももさん
Momo
Momo
小桃

 じゅん子さん
Junko
Junko
纯子

関係性 友達同士
Friends
Bạn bè của nhau
朋友

①あ、じゅんちゃん、おはよう。

②おはよう。

③このごろ ずっと雨だね。

④そうだね。

Point

ちゃん：名前やニックネームに付けて、親しい人を呼ぶときに使います。

そうだね：「そうですね」の普通体です。同じ気持ちのとき使います。

※友達同士なので、普通体で話しています。

言葉 と 表現

今日は （本当に） いい天気 ですね。

今日は ／ 最近 ／ このごろ ／ ここのところ

暑い ／ 寒い ／ 雨 ／ 蒸し暑い ／ 風が強い

 練習

1 職場の人・友達に話しかけられました。答えて、天気の話をしましょう。

A person from your workplace/a friend has started a conversation with you. Respond, then talk about the weather.
Bạn được người ở chỗ làm, bạn bè bắt chuyện. Hãy trả lời và nói chuyện về thời tiết.
同事、朋友与你搭话。请用天气话题来回应。

1）職場の人　　A：あ、おはようございます。

　　　　　　　B：＿＿＿＿＿＿＿＿＿＿＿＿＿＿＿＿＿

2）友達　　　　A：あ、おはよう。

　　　　　　　B：＿＿＿＿＿＿＿＿＿＿＿＿＿＿＿＿＿

2 職場の人・友達にあいさつして、話しかける文を作りましょう。

Write a sentence in which you greet a person from your workplace/a friend, and start a conversation with them.
Hãy viết câu chào và bắt chuyện với người ở chỗ làm, bạn bè.
请写下和同事、朋友问候并搭话的语句。

1）職場の人 ＿＿＿＿＿＿＿＿＿＿＿＿＿＿＿＿＿＿＿＿＿

2）友達 ＿＿＿＿＿＿＿＿＿＿＿＿＿＿＿＿＿＿＿＿＿

気づかう　近づきたい　あいづち　確認する　もっと敬語　日本語上手　コスパ文法

Lesson 11　急に 寒く なりました ね。

い形容詞 -<del>い</del> → く ＋ なる

天気の話は、あいさつのときに使いやすいです。「～（く・に）なる」を使って、天気の変化について話します。「～ね」はお互いに知っている話のときに使います。共感を表すことができます。自分から話しかけると、感じがいいです。

OK?

☐ なる
☐ い形容詞／な形容詞の区別

会話 1

場面　道で
On the street
Ở ngoài đường
路上

人物／関係性   　近所の人同士
Neighbors
Hàng xóm của nhau
邻居

① おはようございます。
いやー、急に
寒くなりましたね。

② ええ、ほんとに
急に寒く
なりましたね。

会話 2

場面　道で
On the street
Ở ngoài đường
路上

人物／関係性   　近所の人同士
Neighbors
Hàng xóm của nhau
邻居

① あ、こんにちは。

② あ、どうも。
お子さん、大きく
なりましたね。

③ はい、もう
小学生なんです。

④ こんにちは。

⑤ こんにちは。
いやー、
はやいですねえ。

Point

どうも：あいさつに使うことができます。A「こんにちは」B「どうも」／A「あ、どうも」B「おはようございます」のように使えます。
※あいさつのときの短い話は、天気だけではありません。家族のことや町のことなども話せます。

急に　寒く　なりましたね。

最近 ／ このごろ ／
ここのところ

暑く〔暑い〕／ 蒸し暑く〔蒸し暑い〕／
日が長く〔長い〕／ 日が短く〔短い〕／
お子さん、大きく〔大きい〕
この辺（は）、にぎやかに〔にぎやかな〕

● い形容詞／な形容詞／名詞 ＋ なる

い形容詞	な形容詞	名詞
暑い ＋ く なる	にぎやか な ＋ に なる	冬 だ ＋ に なる
↓	↓	↓
暑くなる	にぎやかになる	冬になる

✏ 練習

1 例 のように形を変えて書きましょう。

Turn the following into a sentence, modeling after 例 as reference. ／ Hãy đổi dạng và viết giống như 例. ／ 请参照 例 改变形式写句子。

例 最近／寒い ➡ 最近、寒くなりましたね。

1）急に／暑い ➡ _____

2）お子さん／大きい ➡ _____

2 話しかけられました。答えましょう。

Someone has started a conversation with you. Give a response. ／Có người bắt chuyện với bạn. Hãy trả lời nhé. ／ 有人与你搭话。请做出回应。

1）A：あ、おはようございます。最近、暑くなりましたね。

B：_____

2）A：あ、こんばんは。最近、日が短くなりましたね。

B：_____

3 職場の人・友達にあいさつして、簡単な話をします。話しかける文を作りましょう。

Greet a person from your workplace/a friend, and have a simple conversation with them. Write the sentence imagining that you are the one starting the conversation.
Chào người ở chỗ làm, bạn bè và nói chuyện đơn giản. Hãy tạo câu văn để bắt chuyện.
向同事、朋友打招呼，并进行简单会话。请写下搭话语句。

1）職場の人
_____

2）友達
_____

Unit 1 自分のことを話してみよう

Unit 2 自分から話しかけてみよう

Unit 3 いろいろな機能の表現を使ってみよう

Unit 4 教科書では学ばない日本語

気づかう ／ 近づきたい ／ あいづち ／ 確認する ／ もっと敬語 ／ 日本語上手 ／ コスパ文法

Lesson 12 休みの日って、何 してる んですか。

話題 ＋ って　　　　　　普通形 ＋ んですか

「休みの日は」の「は」は、話し言葉で「って」になることがあります。話題を出すとき、自然な言い方です。相手のことに興味があって聞きたいとき、「〜んですか」を使って質問します。

OK?
□ 普通形

会話1

場面：**職場の昼休み**
Lunch time at work
Nghỉ trưa ở chỗ làm
职场午休

人物／関係性：

後輩
Junior employee
Đàn em
后辈

先輩
Senior employee
Đàn anh
前辈

① 休みの日って、何 してるんですか。

② そうだなあ。うちでごろごろしてることが多いかな。

③ そうなんですか。

Point
してる：「している」は話し言葉で「してる」と短くなることがあります。
かな：自分に質問するときや、答えに自信がないとき、はっきり言いたくないときなどに使います。
そうなんですか：☞ Lesson6 会話3

会話2

場面：**職場の休憩時間**
Break time at work
Giờ nghỉ giải lao ở chỗ làm
职场休息时间

人物／関係性：

佐々木さんの同僚
Ms. Sasaki's coworker
Đồng nghiệp của Sasaki
佐佐木的同事

佐々木さん
Ms. Sasaki
Sasaki
佐佐木

① 佐々木さんって、サッカーやってるんですか。

② ええ、週末は練習したり、試合をやったりしてるんです。

③ えー、そうなんですか。

Point
えー：話を聞いて、面白いと思ったり、驚いたり、感心したりしたときに使います。驚きが大きいとき、「えー」や「わー」を使います。「えー」は、「えー（↗）」のように言うと不満を表すこともあるので、注意が必要です。

休みの日 って、何してるんですか。

● いろいろな答え方ができます。

（動た形）り、（動た形）りする

> 例 1）掃除したり、洗濯したりしてします。
> 　　 2）友達と会ったり、買い物したり、とかかな。

（動辞書形）ことが多い／ことがある

> 例 1）だらだらしてることが多いです。
> 　　 2）時々、買い物に行くことがあるかな。

● 相手のこと（○○さん）について聞きたいとき

✴ ○○さんって、 サッカー やってるんですか。

> テニス ／ バンド ／ 空手

✴ ○○さんって、 映画 好きなんですか。

> ラーメン ／ アニメ ／ 旅行 ／ カラオケ

✴ ○○さんって、 猫 飼ってるんですか。

✴ ○○さんって、 お子さん いらっしゃるんですか。

✏ 練 習

1 会話を完成させましょう。

Fill in the rest of the conversation. / Hãy hoàn chỉnh đoạn hội thoại. / 請补充对话。

A：Bさん、_____

B：うーん、週末はうちにいることが多いですね。

A：_____（あいづち）

2 質問されました。答えましょう。

Someone has asked you a question. Give a response. / Có người hỏi bạn. Hãy trả lời nhé. / 有人向你提问。请做出回应。

A：＿＿（あなた）＿＿さんって、休みの日は何してるんですか。

あなた：_____

気づかう　近づきたい　あいづち　確認する　もっと敬語　日本語上手　コスパ文法

Lesson 13

そのＴシャツ、どこで 買_かったんですか。

その ＋ 名詞_{めいし}　　　　　　普通形_{ふつうけい} ＋ んですか

相手_{あいて}の物_{もの}に気付_{きづ}いて、それについて話_{はなし}をします。話_{はなし}のきっかけになります。
「〜んですか」の質問_{しつもん}は、相手_{あいて}について「知_しりたい」という気持_{きも}ちを表_{あらわ}します。

OK?
□ こ・そ・あ

会話 1

場面_{しょくば} 職場_{しょくば}の飲_のみ会_{かい}で
Company drinking party
Ở tiệc nhậu của công ty
公司酒会

人物/関係性

 後輩_{こうはい}
Junior employee
Đàn em
后辈

 先輩_{せんぱい}
Senior employee
Đàn anh
前辈

① そのＴシャツ、
いいですね。

② <u>あ</u>、これ？
ありがとう。

③ どこで
買_かったんですか。

Point
あ：☞ Lesson20 会話_{かいわ}1
どこで買_かったんですか：コメントだけではなくて、質問_{しつもん}をすると、「相手_{あいて}のことを知_しりたい」という気持_{きも}ち
を表_{あらわ}すことができます。

会話 2

場面_{しょくば} 職場_{しょくば}の休憩時間_{きゅうけいじかん}
Break time at work
Giờ nghỉ giải lao ở chỗ làm
职场休息时间

人物/関係性

会社_{かいしゃ}の同僚_{どうりょう}
Coworkers at a company
Đồng nghiệp ở công ty
公司同事

① <u>あ</u>、
そのキャラクター、
好_すきなんですか。

② あ、これですか。
友達_{ともだち}に
もらったんですよ。

③ <u>へー</u>、
<u>そうなんですか</u>。
かわいいですね。

Point
あ：☞ Lesson20 会話_{かいわ}1
へー：あいづちの表現_{ひょうげん}です。よく使_{つか}う表現_{ひょうげん}ですが、目上_{めうえ}の人_{ひと}には使_{つか}わない方_{ほう}がいいです。
そうなんですか：☞ Lesson6 会話_{かいわ}3

それ、　どこで買った　んですか。

好きな ／ 自分で作った

● 「どこで買ったんですか」や「自分で作ったんですか」の代わりに「どうしたんですか」を使うこともできます。

例 1）A：すてきなかばんですね。それ、どうしたんですか。
　　　B：あ、ベトナムのお土産なんです。

　　2）A：あ、きれいなピアス。どうしたの？
　　　B：誕生日にもらったんだ。
　　　※「どうしたの」は「どうしたんですか」の普通体です。

　　3）A：あ、その手袋かわいい。どうしたの？
　　　B：あ、ありがとう。妹の手作りなんだ。

✎ 練習

1 例のように形を変えて書きましょう。
Turn the following into a sentence, modeling after 例 as reference. / Hãy đổi dạng và viết giống như 例 . / 请参照 例 改变形式写句子。

　例 それ、どこで買いましたか。　➡　それ、どこで買ったんですか。

　1）それ、どうしましたか。　➡　_____

　2）そのシャツ、どこで買いましたか。➡　_____

　3）そのアニメ、好きですか。　➡　_____

2 職場の人が手作りのお弁当を食べています。話しかけましょう。
A person from your workplace is eating a homemade bento. Start a conversation with them.
Người ở chỗ làm đang ăn cơm hộp tự làm. Hãy bắt chuyện nhé.
同事在吃自制便当。请和对方搭话。

_____

3 職場の人が鞄にキーホルダーを付けています。話しかけましょう。
A person from your workplace has a keychain on their bag. Start a conversation with them.
Thấy người ở chỗ làm có cái móc khóa ở cặp. Hãy bắt chuyện nhé.
同事的包上挂着钥匙链。请和对方搭话。

_____

Unit 1 自分のことを話してみよう

Unit 2 自分から話しかけてみよう

Unit 3 いろいろな機能の表現を使ってみよう

Unit 4 教科書では学ばない日本語

気づかう　近づきたい　あいづち　確認する　もっと敬語　日本語上手　コスパ文法

Lesson 14

やって み たいです。

て形 ＋ みる－ます形 ＋ たい

「～てみる」は今までしたことがない、新しいことをするとき、使います。
「～てみたい」は、コメントするのに便利な表現です。

OK?
☐ て形
☐ ます形＋たい

 会話 1

場面 **職場の休憩時間**
Break time at work
Giờ nghỉ giải lao ở chỗ làm
职场休息时间

 人物／関係性 **会社の同僚**
Coworkers at a company
Đồng nghiệp ở công ty
公司同事

②実は、生け花
やってるんです。

①週末って、
何してるん
ですか。

③えー、そうなんですか。
私もやってみたいです。

Point
週末って、何してるんですか：☞ Lesson12
えー：☞ Lesson12 会話2
そうなんですか：☞ Lesson6 会話3

 会話 2

場面 **職場の休憩時間**
Break time at work
Giờ nghỉ giải lao ở chỗ làm
职场休息时间

人物／関係性 **会社の同僚**
Coworkers at a company
Đồng nghiệp ở công ty
公司同事

①きれいな
写真ですね。

②ああ、これは
京都かな。
桜が有名なところ
なんですよ。

③わー、いいですね。
行ってみたいです。

Point
かな：☞ Lesson12 会話1
よ：相手が知らないことを伝えるときに使います。相手に教えるという意味を持つので、目上の人に使う
ときは、注意が必要です。「～んですよ」は相手に伝えたい気持ちを表します。
わー：話を聞いて、面白いと思ったり、驚いたり、感心したりするときに使います。驚きが大きいときは、
「わー」や「えー」を使います。 ☞ Lesson12 会話2

言葉 と 表現

━━━

やって みたいです。

見て〔見る〕 ／ 行って〔行く〕 ／ 聞いて〔聞く〕 ／
食べて〔食べる〕 ／ 試して〔試す〕

● 下の言葉は「～てみたい」と一緒に使うことが多いです。

ぜひ ➡ A：京都に行ったんですか。

B：ええ、先週。桜がすごくきれいでしたよ。

A：いいですね。私もぜひ行ってみたいです。

一度 ➡ A：岡山の桃って有名なんですか。

B：ええ、おいしくて有名ですよ。

A：そうなんですか。わー、一度食べてみたいです。

今度 ➡ A：その映画、面白かったですか。

B：ええ、すごく面白かったですよ。

A：えー、そうなんですか。私も今度、見てみたいです。

Unit 1 自分のことを話してみよう

Unit 2 自分から話しかけてみよう

Unit 3 いろいろな機能の表現を使ってみよう

Unit 4 教科書では学ばない日本語

✐ 練 習

1 あなたがしてみたいことを書きましょう。

Write down some things that you want to try. ／ Hãy viết những việc mà bạn muốn thử làm. ／ 请写下你想尝试做的事。

1）食べる

_____

2）行く

_____

3）見る

_____

4）する

_____

気づかう　近づきたい　あいづち　確認する　もっと敬語　日本語上手　コスパ文法

Lesson **15**

それは 大変でした ね。

感想 ＋ ね

相手の話を聞いて、感想を言うときに使います。
感想を言うと、相手の話をよく聞いていることを表すことができます。
「ね」を使うことで同じ気持ちだということを表すことができます。

会話 1

場面 **職場の休憩時間**
Break time at work
Giờ nghỉ giải lao ở chỗ làm
职场休息时间

人物／関係性 **会社の同僚**
Coworkers at a company
Đồng nghiệp ở công ty
公司同事

①電車の事故で、
30分も電車が
止まってたんですよ。

②えー、それは
大変でしたね。

Point
えー：☞ Lesson12 会話2
大変でしたね：相手の経験（終わったこと）を聞いたとき、「でした／ました＋ね」を使います。

会話 2

場面 **会社の飲み会**
Company drinking party
Tiệc nhậu của công ty
公司酒会

人物／関係性 **会社の同僚**
Coworkers at a company
Đồng nghiệp ở công ty
公司同事

①この間、宝くじが
あたったんだよ。

②えー、
それはすごいね。
いくら？

③100円だけ。

Point
すごいね：相手の経験（終わったこと）でも、それが今に関係あるときは「です／ます＋ね」を使います。
※会社の同僚ですが、近い関係なので、普通体で話しています。

それは　　大変でした　　ね。
たいへん

いいです ／ よかったです〔いい〕
すごいです ／ すごかったです〔すごい〕
残念です ／ 残念でした〔残念な〕
ざんねん　　ざんねん　　　ざんねん
うれしいです ／ うれしかったです〔うれしい〕
つらいです ／ つらかったです〔つらい〕
ひどいです ／ ひどかったです〔ひどい〕
びっくりします ／ びっくりしました〔びっくりする〕
困ります ／ 困りました〔困る〕
こま　　　こま　　　　こま
楽しみです
たの

Unit 1 自分のことを話してみよう
Unit 2 自分から話しかけてみよう
Unit 3 いろいろな機能の表現を使ってみよう
Unit 4 教科書では学ばない日本語

練 習

1 相手の言葉に答えて感想を書きましょう。
あいて　ことば　こた　　かんそう　か

Respond to what Person A is saying, and comment on it.
Hãy viết cảm tưởng để trả lời cho câu nói của đối phương.
请回应对方的话，写下感想。

1）A：昨日、子どもが熱を出してしまって、ほとんど寝てないんです。
きのう　こ　　ねつ　だ　　　　　　　ね

B：＿＿＿＿＿＿＿＿＿＿＿＿＿＿＿＿＿＿＿＿＿＿＿

2）A：今度、両親が日本に来るんです。
こんど　りょうしん　にほん　く

B：＿＿＿＿＿＿＿＿＿＿＿＿＿＿＿＿＿＿＿＿＿＿＿

3）A：昨日、バレーボールの試合、負けちゃったんですよ。
きのう　　　　　　しあい　ま

B：＿＿＿＿＿＿＿＿＿＿＿＿＿＿＿＿＿＿＿＿＿＿＿

4）A：最近、アパートの階段が雨もりするんですよ。
さいきん　　　　かいだん　あま

B：＿＿＿＿＿＿＿＿＿＿＿＿＿＿＿＿＿＿＿＿＿＿＿

5）A：昨日の試合、どうだったんですか。
きのう　しあい
B：実は優勝したんです。
じつ　ゆうしょう

A：＿＿＿＿＿＿＿＿＿＿＿＿＿＿＿＿＿＿＿＿＿＿＿

6）A：あれ、どうしたんですか。
B：実は昨日、自転車を盗まれてしまって…。
じつ　きのう　じてんしゃ　ぬす

A：＿＿＿＿＿＿＿＿＿＿＿＿＿＿＿＿＿＿＿＿＿＿＿

気づかう　近づきたい　あいづち　確認する　もっと敬語　日本語上手　コスパ文法

Lesson
16

私も です。

「～も」は「同じ」を表します。
同じだということを伝えると、相手との距離を近くすることができます。

会話
1

 場面 **会社の飲み会**
Company drinking party
Tiệc nhậu của công ty
公司酒会

 人物 **中村さん**
Mr. Nakamura
Nakamura
中村

 佐藤さん
Mr. Sato
Sato
佐藤

関係性 **会社の同僚**
Coworkers at a company
Đồng nghiệp ở công ty
公司同事

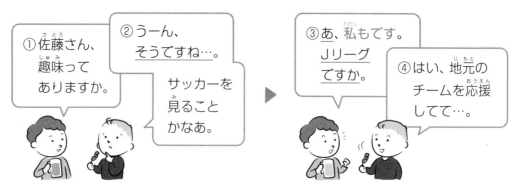

①佐藤さん、趣味ってありますか。

②うーん、そうですね…。
サッカーを見ることかなあ。

③あ、私もです。Jリーグですか。

④はい、地元のチームを応援してて…。

Point
そうですね…：「そうですね」は、相手と同じ気持ちのときだけでなく、考えているときにも使います。
☞Lesson10 会話3
あ：☞Lesson4 会話2
Jリーグですか：「私もです」の後は、相手に質問するのがいいです。いろいろ質問することて、さらに相手との距離を近くします。

会話
2

 場面 **保護者会**
Parent-teacher association meeting
Hội phụ huynh
家长会

 人物 **鈴木さん**
Ms. Suzuki
Suzuki san
铃木

 福田さん
Mr. Fukuda
Fukuda san
福田

関係性 **子どもの親同士**
Parents of children at school
Cha mẹ học sinh
学生家长

① 福田さんってご出身は東京ですか。

② いえ、関西なんです。

③ え、私もです。関西のどちらですか。

Point
って：☞Lesson12
え：驚いたときに使います。聞き返すときの「え（↑）？」もあるので、イントネーションに注意が必要です。

会話 3

場面 職場で
At their workplace
tại nơi làm việc
在职场

人物 中村さん
Mr. Nakamura
Nakamura
中村

 佐藤さん
Mr. Sato
Sato
佐藤

関係性 会社の同僚
Coworkers at a company
Đồng nghiệp ở công ty
公司同事

①駅からバスだったんですけど、
混んでいて大変でした。

②あ、私もバスです。
雨の日は
大変ですよね。

Point 私もバスです：「私も～です」「私も～ました」のように、「も」の後に言葉を入れて長い文でも使えます。

 会話 4

場面 日本語教室で
In a Japanese language class
Ở lớp học tiếng Nhật
日语教室里

人物／関係性 日本語教室の支援者
Japanese language school staff
Người hỗ trợ ở lớp học tiếng Nhật
日语教室的支援者

 日本語学習者
Japanese language student
Người học tiếng Nhật
日语学习者

①子どもがA小に
通っているんです。

②あ、うちもです。
何年生ですか。

Point うち：自分の家族のことについては、「うち」や「うちの○○（子、妻、夫 など）」と言います。

✏ 練 習

1 例のように相手の言葉に答えて質問したり、感想を言ったりしましょう。

Respond to what Person A is saying, then ask a question and/or make a comment about it, modeling after 例 as reference.
Hãy đáp lại lời nói của đối phương rồi đặt câu hỏi hoặc nói cảm tưởng giống như 例.
请参照 例 回应对方的话并提问，或表达感想。Sự dịch sự dịch sự dịch.

例 A：趣味は映画を見ることです。
B：あ、私もです。どんな映画が好きなんですか。

1）A：はっくしょん。この季節は花粉症が辛くて…。
B：＿＿＿＿＿＿＿＿＿＿＿＿＿＿＿＿＿＿＿＿＿＿

2）A：私、アニメ好きなんです。
B：＿＿＿＿＿＿＿＿＿＿＿＿＿＿＿＿＿＿＿＿＿＿

3）A：親が心配して、毎週、電話をかけてくるんです。
B：＿＿＿＿＿＿＿＿＿＿＿＿＿＿＿＿＿＿＿＿＿＿

気づかう　　近づきたい　　あいづち　　確認する　　もっと敬語　　日本語上手　　コスパ文法

Lesson 17

初めて 日本語で 電話したんですけど、緊張しました。

た形 ＋ んです ＋ けど

過去の経験について感想を言うとき、「(経験)〜たんですけど、(感想)〜た」のように「た形」を使います。「〜けど」と「〜が」の使い方は同じです。

OK?
□ 〜んです
□ た形

会話 1

場面　道で
On the street
Ở ngoài đường
路上

人物／関係性

子どものお母さん同士 (ママ友同士)
Mothers of children who know each other (Mom friends)
Mẹ của trẻ con (các bà mẹ bạn của nhau)
孩子母亲（妈妈友）

①先週、初めて日本語で電話したんですけど、すごく緊張しました。

②たしかに、電話で話すのって難しいですよね。

Point
たしかに：相手の言ったことについて「本当にそう思う」という意味を表します。
話すの：「話すこと」の意味です。
って：☞ Lesson12
よね：「〜よね」は、自分の思っていることを相手に確認するときに使います。

会話 2

場面　職場の休憩時間
Break time at work
Giờ nghỉ giải lao ở chỗ làm
职场休息时间

人物／関係性

会社の同僚
Coworkers at a company
Đồng nghiệp ở công ty
公司同事

①ここのラーメン、この間食べに行ったんですけど、すっごくおいしかったですよ。

②へー、そうなんですか。今度、食べに行ってみたいです。

Point
すっごく：「すごく」を「すっごく」と言うと、強い気持ちが伝わります。「すごい」と言うこともあります。
よ：☞ Lesson14 会話2
へー：☞ Lesson13 会話2
食べに行ってみたいです：☞ Lesson20　☞ Lesson14

言葉と表現

| 初めて日本語で電話した | んですけど、 | 緊張しました | 。 |

先週、京都へ行った
日本人のお宅へ行った
この間、○○っていう映画を見た
この間、○○のコンサートに行った
昨日、テレビで○○っていう番組を見た
昨日、ネットで○○っていう動画を見た
この間、初めてラグビーを見に行った

難しかったです
面白かったです
すごくよかったです
とても楽しかったです
いい映画でした
私には難しかったです
感動しました

練習

1 例のように書きましょう。

Use the 例 as reference. ／ Hãy viết giống như 例. ／ 参照 例 写句子。

例 初めて日本語で電話する ➡ 初めて日本語で電話したんですけど、すごく緊張しました。

1）初めて日本で車を運転する

➡ _____

2）先週、富士山に行く

➡ _____

2 あなたの経験と感想を相手に話すように書きましょう。

Write about experiences you have had and comment on them, imagining that you are talking to someone else.
Hãy viết như đang nói chuyện về kinh nghiệm và cảm tưởng của bạn cho đối phương biết.
请像与对方说话般写下你的经历和感想。

1）_____

_____

_____

2）_____

_____

_____

文法や言葉の力をつけよう

問題1 正しい方に〇を書きましょう。　▶L11

例 寒いに／（寒く）　なりましたね。

1) **便利に／便利な**　なりましたね。

2) すっかり　**春だ／春に**　なりましたね。

3) **蒸し暑く／蒸し暑いに**　なりましたね。

問題2 **例**のように、て形を使って、「～てみたいです。」の文を作りましょう。　▶L14

例 ぜひ　やる　➡　ぜひやってみたいです。

1) 一度　見る　➡ _____

2) 今度　試す　➡ _____

3) ぜひ　行く　➡ _____

問題3 **例**のように、普通形を使って、「～んですか。」の質問を作りましょう。　▶L12

例 休みの日　何をしていますか。

➡　休みの日って、何をしているんですか。

※「って」は「は」と同じ意味です。使っても使わなくてもいいです。

1) 山田さん　映画が好きですか。

➡ _____

2) そのお弁当　自分で作りましたか。

➡ _____

3) マリさん　フィリピンの出身ですか。

➡ _____

4) キムさん　お子さんがいらっしゃいますか。

➡ _____

5) それ　どうしましたか。

➡ _____

コミュニケーション力をつけよう

問題1 _____の部分を書いて、会話を作りましょう。

① **状況**：冬の朝、仕事に出かけるとき、アパートを出たら、
大家さんに会いました。

▶L10 いい天気ですね。
▶L11 急に寒くなりましたね。

A：Bさんのアパートに住んでいる人　　B：アパートの大家さん

あいさつ： 出会ったとき	A：あ、_____《あいさつ》 B：あ、おはようございます。
世間話： いい関係を作ろう	A：_____ 　　《天気について話す》 B：そうですね。いい天気ですねえ。それにしても寒くなりましたね。 A：_____《答える》 B：今からお仕事ですか。
あいさつ： 出かけるとき	A：はい、そうなんです。では、_____《あいさつ》 B：行ってらっしゃい。

② **状況**：職場の休憩時間に同僚と話しています。

▶L12 休みの日って、何してるんですか。
▶L15 それは大変でしたね。
▶L16 私もです。

A：Bさんの同僚　　B：Aさんの同僚

話題を出す	A：_____ 　　《休みの日に何をしているか聞く》 B：そうだなあ。うちでごろごろしてることが多いかなあ。
あいづち	A：_____ 　　《自分もそうだと言う》 B：そうだよね。休むことも必要だからね。 　　うちで映画とか見たりもするなあ。
あいづち・質問	A：_____ 　　《感想を言う》 _____ 　　《映画について質問する》

⋮

読んでみよう

▶L12 休みの日って、何してるんですか。
▶L14 やってみたいです。
▶L15 それは大変でしたね。
▶L17 初めて日本語で電話したんですけど、緊張しました。
▶L18 しもつ…、何ですか？

リーさんと田中さんは同じ会社で働いています。
昼休みにご飯を食べながら話をしています。
会話を読んで、質問に答えてください。

リー：田中さん、休みの日って何してるんですか。

田中：ああ、休みの日？　そうだなあ、うちでテレビを見たり、ごろごろしたりしてるかな。

リー：へえ、そうなんですか。

田中：あ、たまにサッカーを見に行ったりするかな。

リー：サッカーですか。いいですねえ。

田中：リーさんはサッカー、好き？

リー：はい、好きです。この前、日本で初めてサッカーを見に行ったんですけど、スタジアムが
　　　とってもきれいでした。

田中：ああ、豊田のスタジアム？

リー：はい。

田中：あそこはいいスタジアムだよねえ。あ、そうそう。今度、駅前の広場でワールドカップの
　　　試合のパブリックビューイングをやるんだって。

リー：パブリック…？

田中：パブリックビューイング。広場でみんなで応援するんだよ。

リー：ああ。いいですね。私も行ってみたいです。

質問1　リーさんと田中さんのうち、どちらかが先輩です。どちらが先輩だと思いますか。

_____

質問2　田中さんは休みの日に何をしますか。全部、書きましょう。

_____

質問3　田中さんは豊田のスタジアムを知っていますか。

_____

質問4　パブリックビューイングでは何をしますか。

_____

質問5　リーさんはパブリックビューイングに行きたいと思っていますか。

_____

チャレンジ

身近な人と話してみましょう。

① 自分からあいさつして、天気の話をしてみましょう。

▶L10 いい天気ですね。
▶L11 急に寒くなりましたね。

② 自分から話しかけて、休みに何をしているか聞いてみましょう。

▶L12 休みの日って、何してるんですか。

③ 自分から話しかけて、休みに何をしているか聞いてみましょう。
話を聞きながら、あいづちを打ちましょう。チャンスがあれば、
あなたの最近の経験を話してみましょう。

▶L12 休みの日って、何してるんですか。
▶L14 やってみたいです。
▶L15 それは大変でしたね。
▶p.74 「読んでみよう」

★チャレンジできましたか。できたことをチェックしましょう。

チャレンジ	できたこと	話した人	できた！
①	自分から挨拶して、天気の話ができた。	（　　　　　　　）さん	☐
②	自分から話しかけて、休みの日について聞くことができた。	（　　　　　　　）さん	☐
③	休みの日について聞き、あいづちを打ったり、自分の話をしたりして、長く話すことができた。	（　　　　　　　）さん	☐

いろいろなあいづち

あいづちは、話を聞いていることや、話に興味を持っていることを示します。
相手の話したことを繰り返すのも、良い方法です。

①あいづちの例
丁寧に話すとき　「はい」「ええ」「そうですね」「そうなんですか」（「へー」）
友達と話すとき　「うん」「うんうん」「で」「へー」「ふーん」「そうだね」「そうなんだ」

②あいづちのフレーズを使う
例 1）丁寧に話すとき　　A：週末、海に行くんです。

B：そうなんですか。いいですね。

2）友達と話すとき　　A：週末、海に行くんだ。

B：そうなんだ。いいね。

②繰り返し使う
例 1）丁寧に話すとき　　A：休みの日はキャンプに行くことが多いですね。

B：キャンプですか。

2）友達と話すとき　　A：休みの日はキャンプに行くことが多いかな。

B：へー、キャンプか。

Unit 1 自分のことを感じてみよう

Unit 2 自分から話しかけてみよう

Unit 3 いろいろな機能の辞書を使ってみよう

Unit 4 教科書では学ばない日本語

話題 ―― 話しかけるきっかけ

自己開示レベル

低い　天気　景気　テレビ番組　趣味　仕事　家族　性格　失敗談　将来の夢　政治信条　宗教　高い

　人と話しやすい話題というのは、どんなものでしょうか。ユニット２では天気の話題から始まりました。天気の話は、誰とでも話せるいちばん無難な話題だと言われています。近所の人や職場の人とあいさつするようなときには、ちょうどいい話題だと言えるでしょう。

　しかし、天気の話だけで親しくなることは難しいのではないでしょうか。相手とコミュニケーションを取るときに、どのぐらい自分のことを相手に知らせるかということを自己開示といいます。特に、文化や背景が異なる人同士が仲良くなるためには、自己開示がとても大切です。

　上に自己開示のレベルの低い話題から高い話題を挙げてみました。自己開示をすることで、相手に自分のことを知ってもらいたい、近い関係になりたいという気持ちを表すことができます。どの人とどのぐらいの話題を話せば、良い人間関係が築いていけるか、ぜひ参考にしてみてください。

Unit 3

いろいろな
機能の表現を
使ってみよう

In your everyday life, you will need to know expressions that fulfill various functions, such as asking questions, confirming information, notifying people of information, and making requests.
In this unit, you will learn how to use these kinds of expressions while maintaining good relations with other people.We encourage you to practice these expressions so you can say them in a friendly way.

Trong cuộc sống thường ngày cần diễn đạt chức năng như "hỏi", "xác nhận", "báo cáo", "nhờ vả". Trong Unit này, chúng ta sẽ học cách vừa giữ mối quan hệ tốt, vừa diễn đạt được những điều đó. Các bạn hãy thử luyện tập để có thể dùng nhiều diễn đạt mang lại cảm nhận tốt nhé.

日常生活中需要用各种表达方式来"提问""确认""报告""请求"等。本单元将学习在保持良好人际关系的同时使用这些表达方式。为了能够流利地使用各种表达方式，大家一起练习吧。

日常生活の中では、「質問する」「確認する」「報告する」「依頼する」というようないろいろな機能の表現が必要です。
このUnitでは、良い人間関係を保ちながら、それらの表現を使うことを学びます。皆さんも感じよくいろいろな表現が使えるように練習してみましょう。

Lesson 18
しもつ…、何ですか。
Shimotsu... What is that?
Shimotsu... nghĩa là gì?
Shimotsu… 什么？

Lesson 19
明日、お休みでしたっけ？
Did you have the day off tomorrow?
Ngày mai bạn nghỉ làm phải không nhỉ?
明天休息来着？

Lesson 20
荷物を出しに行きました。
She went to drop off a package.
Cô ấy đã mang đồ đi gửi.
她去寄东西了。

Lesson 21
ちょっとお昼、買ってきます。
I'm going to go buy some lunch.
Tôi đi mua đồ ăn trưa một chút.
我去买午饭，马上回来。

Lesson 22
よろしくって言ってました。
She said hello.
Cô ấy có gửi lời hỏi thăm bạn.
他说请多关照。

Lesson 23
ちょっと見てもらえませんか。
Could you take a look at this?
Xem giúp tôi một chút được không ạ?
您能看一下吗？

Lesson 24
これ、使ってもいいですか。
Can I use this?
Tôi dùng cái này được không?
我能用这个吗？

Lesson 25
その日は仕事があって…。
I actually have work that day...
Hôm đó tôi phải đi làm...
那天我有工作…

Lesson 26
休ませていただけませんか。
Would it be possible for me to take a sick day?
Cho tôi nghỉ được không?
我可以休息吗？

気づかう　近づきたい　あいづち　確認する　もっと敬語　日本語上手　コスパ文法

Lesson 18　しもつ…、何ですか。

聞き取れたところだけ繰り返すと、その言葉がわからなかったことを伝えることができます。
「しもつ（↑）…」のように繰り返す言葉の終わりを上げて、相手に聞きます。「しもつ（→）…」のように終わりを上げなくても、その続きを知りたいことを伝えることができます。

会話1

場面	職場の休憩時間		人物	後輩		先輩
	Break time at work Giờ nghỉ giải lao ở chỗ làm 职场休息时间			Junior employee Đàn em 后辈		Senior employee Đàn anh 前辈

①大阪のお土産です。たこ焼き味のポテトチップスです。

②へー、最近いろいろ出てるよね。栃木はしもつかれ味らしいよ。

③しもつ…、何ですか。

④しもつかれ。栃木の名物なんだよ。

⑤へー、おいしいんですか。

ありがとう

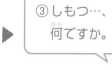

Point
よね：☞ Lesson17 会話1
よ：☞ Lesson14 会話2
へー：☞ Lesson13 会話2

会話2

場面	役所の窓口で		人物	窓口に来た人		役所の人
	At the counter at city hall Ở quầy làm việc của cơ quan hành chính 政府机关窗口			Person at the counter Người đến quầy làm việc 来窗口的人		City hall staff Người của cơ quan hành chính 政府机关的人

①すみません、税金を払いたいんですが。

②はい。えーっと納付書をお持ちですか。

③え？のう…。

Point　えーっと：考えているときに「えーっと」や「えっと」「えー」を使います。

④納付書。
税金の金額が書いてある
はがきとか、手紙とか。

⑤ああ、これです。

| 会話 3 | 場面 | 交番で
At the koban (police box)
Ở đồn công an
派出所里 | 人物 | 道を聞く人
Person asking for directions
Người hỏi đường
问路的人 | 警察官
Police officer
Cảnh sát
警察 |

①すみません、
第一小学校って
どこでしょうか。

②第一小学校ですね。
えーっと、
そこに自販機が
見えますよね。

③え？ じはん…。

④自販機。えっと、
自動販売機。
ジュースを
売ってる…。

⑤あ、はい、
わかります。

⑥そこの角を曲がって、
200メートルぐらい
行くと着きますよ。

言葉 と 表現

● 短くした言葉
長い言葉は、短い言葉にして使われているものが多いです。元の言葉の一部分を取って、短い言葉を作ります。例えば、スマホはスマートホン（スマートフォン）を略した言葉です。

例　・自動販売機　➡　自販機　　・パーソナルコンピューター　➡　パソコン

練 習

1 次の言葉の短い言葉は何か考えてみましょう。
Think about what the shortened versions of these words may be.
Hãy thử nghĩ xem từ ngắn gọn của những từ sau đây là gì nhé.
请思考一下下列语言的简短说法是什么。

1）コンビニエンスストア　➡　_____　　2）エアーコンディショナー　➡　_____

3）リモートコントローラー　➡　_____　　4）ファミリーレストラン　➡　_____

5）入国管理局　　　　　　➡　_____　　6）国民健康保険　　　　　➡　_____

気づかう　近づきたい　あいづち　確認する　もっと敬語　日本語上手　コスパ文法

Lesson 19　明日、お休みでした っけ？

丁寧形／普通形 ＋ っけ

自分の理解や覚えていることを確認するとき、文末に「〜っけ？」を付けて聞きます。
「〜っけ」の前は、丁寧形も普通形も入ります。

OK?
☐ 普通形

会話1

場面　**職場で**
At their workplace
tại nơi làm việc
在职场

人物　　**田中さん**
Mr. Tanaka
Tanaka
田中

　福田さん
Mr. Fukuda
Fukuda
福田

関係性　**会社の同僚**
Coworkers at a company
Đồng nghiệp ở công ty
公司同事

①あの、
福田さん。

②はい。

③明日、お休み
でしたっけ？

④はい、
有給をもらう
予定です。

Point　**あの**：☞ Lesson20 会話1
明日、お休みでしたっけ？：「明日」など、未来のことでも、思い出しながら話すとき、「〜た」を使います。
「お休みですっけ？」と聞いてもいいです。

会話2

場面　**日本語教室で**
In a Japanese language class
Ở lớp học tiếng Nhật
日语教室里

人物／関係性　**友達同士**
Friends
Bạn bè của nhau
朋友

①ごめん、明日の
待ち合わせって、
9時だっけ？

②えっと、たしか
マイさんの都合が悪くて、
10時にしたと思うよ。

③あ、そうだった。
ありがとう。

Point　**ごめん**：「ごめんなさい」の短い形です。友達同士や親しい関係で使います。
って：☞ Lesson12
えっと：☞ Lesson18 会話2
悪くて：☞ Lesson25
※友達同士なので、普通体で話しています。

明日（は／って）、お休み　でした／です／だった／だ　っけ？

会議／約束／飲み会
待ち合わせ／
飲み会に来るの

9時から
駅で待ち合わせ
どこ／何時／何人

● 「っけ？」の前は、疑問詞や動詞、形容詞を使うこともできます。
ない形や「～んです」も使うことができます。

例
・ あの人の名前何だっけ？

・ あの人誰だっけ？

・ あれって、どこにあったっけ？

・ 田中さん、ちょっとお願いがあるんだけど、明日って、忙しいっけ？

・ それ、賞味期限、大丈夫だったっけ？

・ 明日って、休みじゃないっけ？

・ 明日って、会議、ないんでしたっけ？

✐ 練 習

1 例 のように形を変えましょう。

Change the expression of the following sentences, modeling after 例 as reference.
Hãy chuyển thành dạng giống như 例 .
请参照 例 改变形式。

例 明日はお休みですか。　　　➡　明日、お休みでしたっけ？

1）明日の集合は10時ですか。➡ ＿＿＿＿＿＿＿＿＿＿＿＿＿＿＿＿＿

2）参加費は3000円ですか。　➡ ＿＿＿＿＿＿＿＿＿＿＿＿＿＿＿＿＿

2 確認するための文を作りましょう。

Write sentences in which you confirm the following information.
Hãy tạo câu văn để xác nhận.
请造出用于确认的句子。

1）? 明日の会議、9時から？　➡

2）? 来週の待ち合わせ、どこ？　➡

気づかう ｜ 近づきたい ｜ あいづち ｜ 確認する ｜ もっと敬語 ｜ 日本語上手 ｜ コスパ文法

Lesson 20

荷物を 出しに 行きました。

動—ます形
名（動作）　＞ ＋ に行く

「～をするために行きます」と言うとき使います。　｜　OK? □ます形

会話1　｜場面｜ **職場の休憩時間**
Break time at work
Giờ nghỉ giải lao ở chỗ làm
职场休息时间

｜人物／関係性｜   **会社の同僚**
Coworkers at a company
Đồng nghiệp ở công ty
公司同事

①あのー、
　小林さんは…。

②あ、さっき
　郵便局に荷物を
　出しに行きました。

③すぐ戻ると
　思いますよ。

④あ、そうですか。
　了解です。

Point
あの（ー）：話しかけるときに使います。
あ：「あ」は気付いたことを表します。話を始めるときや質問を聞いて答えるときに使います。
☞ Lesson10 会話1
に：行く場所は「に」を使います。「へ」も使います。
了解です：「わかりました」という意味で「了解です」を使うことがあります。目上の人には使わないほう
がいいです。

会話2　｜場面｜ **職場の休憩時間**
Break time at work
Giờ nghỉ giải lao ở chỗ làm
职场休息时间

｜人物／関係性｜ **先輩**
Senior employee
Đàn anh
前辈

後輩
Junior employee
Đàn em
后辈

①週末、
　どっか行くの？

②はい、東京に。
　友達に会いに
　行くんです。

③へー、
　そうなんだ。

Point
どっか：「どこか」は話すとき「どっか」になることがあります。
行くの？：「行くんですか」の普通体です。
そうなんだ：「そうなんですか」の普通体です。

82

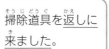

荷物を出し　　　に行きます。

友達に会い〔会う〕 ／ ご飯を食べ〔食べる〕 ／ ○○を買い〔買う〕
買い物し〔買い物する〕 ／ 子どもを迎え〔迎える〕
遊び〔遊ぶ〕 ／ ○○を見〔見る〕 ／ クリーニングを取り〔取る〕
食事 ／ ランチ ／ 買い物

● 「行きます」のところに「来ます」「帰ります」も使います。

例 1)

報告書を取りに来ました。

2)

掃除道具を返しに来ました。

3)

忘れ物を取りに帰ります。

✎ 練習

1 例のように形を変えて書きましょう。

Change the expression of the following sentences, modeling after 例 as reference.
Hãy chuyển thành dạng giống như 例 .
请参照 例 改变形式。

例 明日／荷物を出す　➡　明日、荷物を出しに行きます。

1）来週／国の料理を食べる　➡　＿＿＿＿＿＿＿＿＿＿＿＿

2）昨日／書類を出す　➡　＿＿＿＿＿＿＿＿＿＿＿＿

3）先週の土曜日／友達と遊ぶ　➡　＿＿＿＿＿＿＿＿＿＿＿＿

2 最近、どこに、何をしに行きましたか。書きましょう。

Think of a place you went to recently to do something. Write a sentence about it.
Gần đây bạn đã đi đâu để làm gì? Hãy viết nhé.
最近去哪里做了什么事? 请写下来。

＿＿＿＿＿＿＿＿＿＿＿＿＿＿＿＿＿＿＿＿＿＿＿

＿＿＿＿＿＿＿＿＿＿＿＿＿＿＿＿＿＿＿＿＿＿＿

Unit 1 自分のことを話してみよう

Unit 2 自分から話しかけてみよう

Unit 3 いろいろな機能の表現を使ってみよう

Unit 4 教科書では学ばない日本語

Lesson 21　ちょっと お昼、買ってきます。

～て形 ＋ くる

その場所を離れて、何かをして戻ってくるとき、「～てきます」を使います。　｜　OK? □ て形

会話1　｜場面｜ **職場の休憩時間**
Break time at work
Giờ nghỉ giải lao ở chỗ làm
职场休息时间

｜人物／関係性｜ **会社の同僚**
Coworkers at a company
Đồng nghiệp ở công ty
公司同事

 ①休憩ですね。

②はい。
じゃあ、ちょっと
お昼、買ってきます。

③行ってらっしゃい。

Point　**お昼**：「お昼」は「昼ごはん」のことです。
買ってきます：今いる場所を離れて何かをするとき、「～てきます」を使って、周りの人に伝えるといいです。

会話2　｜場面｜ **職場で**
At their workplace
tại nơi làm việc
在职场

｜人物／関係性｜ **部下**
Subordinate
cấp dưới
部下

 上司
Superior
cấp trên
上司

②あ、ありがとう。

①課長、鍵、
取ってきました。

Point　**取ってきました**：「～てきました」を使って自分のしたことを報告しています。特に職場では、今いる場所を離れるときや戻ってきたときに、周りの人に伝えるといいです。

ちょっと お昼（を）、買って きます。

牛乳 ／ パン ／ 塩 ／ 砂糖
商品 ／ 資料 ／ 印鑑

買って〔買う〕
取って〔取る〕

● 相手に頼むときにも使います。

例
・ちょっと 卵 買ってきて。　☞ Lesson 23

・資料、取ってきてもらえませんか。　☞ Lesson 23

・これと同じ部品、取ってきてくれる？　☞ Lesson 23

●「～てきます」はどこかへ行って戻ってくるという意味なので、「～に行ってきます」の形もよく使います。「～に」には動詞のます形を使って、することを入れることもできます。

☐ に行ってきます。

休憩 ／ 食事 ／ トイレ（お手洗い）／ ミーティング（会議）
ごはんを食べ〔食べる〕／ 飲み物を買い〔買う〕
荷物を取り〔取る〕／ 本を返し〔返す〕
ごみを出し〔出す〕／ 子どもを迎え〔迎える〕

✎ 練習

1 例のように書きましょう。

Model after 例 as reference. ／ Hãy viết giống như 例. ／ 参照 例 写句子。

例 お昼 買う　➡　お昼（を）買ってきます。

1）印鑑 取る　➡

2）食事 行く　➡

3）荷物 取りに行く　➡

2 今からコンビニに行って戻ります。何をしに行ってくるか、伝えましょう。

You are leaving to go to the convenience store, but will be back. Tell the people around you what you are going to do.
Từ giờ bạn sẽ đi cửa hàng tiện lợi và quay lại. Hãy truyền đạt rằng mình đi làm gì nhé.
你现在要去一趟便利店后返回。请告诉大家你要去做什么。

She said hello.　Cô ấy có gửi lời hỏi thăm bạn.　他说请多关照。

気づかう　近づきたい　あいづち　確認する　もっと敬語　日本語上手　コスパ文法

Lesson 22

よろしく って 言ってました。

普通体／丁寧体　って（と）＋ 言って（い）ました

「〜と言って（い）ました」を使って、ほかの人から聞いたことを伝えます。
「〜と」は話し言葉で「〜って」となることがあります。「言っていました」
も「言ってました」となることがあります。

OK?
□ 普通体／丁寧体

会話1

場面　職場で
At their workplace
tại nơi làm việc
在职场

人物／関係性

 後輩
Junior employee
Đàn em
后辈

 先輩
Senior employee
Đàn anh
前辈

①そういえば、昨日、ドンさんとオンラインで話したんです。

②あ、去年までこの会社にいたドンさん？

③はい。皆さんによろしくって言ってました。

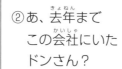

Point　そういえば：思い出した話を始めるときに使います。
んです：☞ Lesson6 会話3

会話2

場面　待ち合わせ場所で
At a meeting area
tại điểm hẹn
在会议地点

人物／関係性

 福田さん（部下）
Mr. Fukuda (Subordinate)
Fukuda(cấp dưới)
福田（部下）

 小林さん（上司）
Ms. Kobayashi (Superior)
Kobayashi(cấp trên)
小林（上司）

①あ、小林さん。
アンさんなんですけど、電車の事故で10分ほど遅れるって言ってました。

②あ、そうですか。わかりました。

③小林さんの連絡先がわからないので伝えてくださいとのことでした。

Point　アンさんなんですけど：「名詞＋なんですけど」でこれから話す話題を表します。「名詞＋なんですが」も同じです。
そうですか：あいづちの表現です。相手の言ったことがわかったということを示すとき、使います。
とのことでした：「文＋とのことです／でした」は「〜と（って）言っていました」と同じです。

よろしく って（と）言って（い）ました。

また会いたい ／ また電話する ／ また来る ／ 明日は休む
病院に寄ってから来る ／ 連絡してください ／
予約をお願いします ／ 今度飲みに行きましょう ／
一緒にランチに行きたいですね ／ 来週は忙しい ／
お酒は飲まない ／ 甘いものが好きだ ／
会議はオンラインだ

練習

1 例のようにマイさんが言ったことを他の人に伝えましょう。

Tell other people what Mai told you, modeling after 例 as reference.

Hãy truyền đạt cho người khác điều mà Mai đã nói giống như 例.

请参照 例 把麻衣说过的话告知他人。

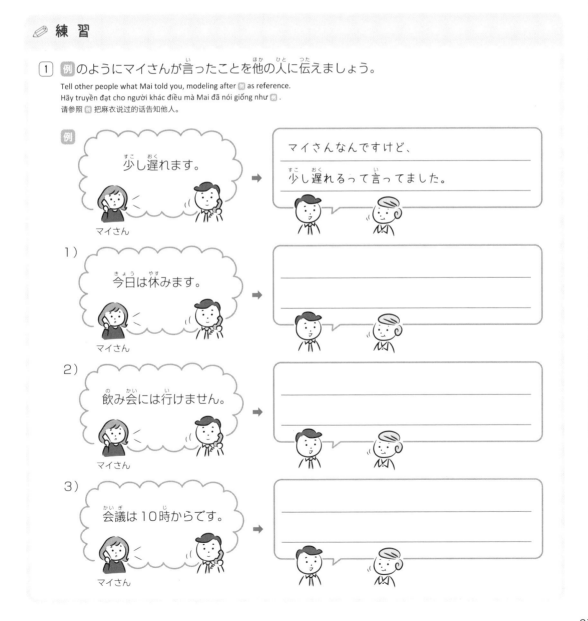

例

少し遅れます。

マイさん

→

マイさんなんですけど、

少し遅れるって言ってました。

1）

今日は休みます。

マイさん

2）

飲み会には行けません。

マイさん

3）

会議は10時からです。

マイさん

気づかう　近づきたい　あいづち　確認する　もっと敬語　日本語上手　コスパ文法

Lesson 23

ちょっと 見てもらえませんか。

て形＋ もらう － 可能形

「〜てもらえませんか」は丁寧に頼む表現です。相手に何かしてもらいたいとき、使います。

OK?
☐ て形　☐ もらう　☐ 可能

会話1　場面　**職場の休憩時間**
Break time at work
Giờ nghỉ giải lao ở chỗ làm
职场休息时间

人物／関係性

 部下
Subordinate
cấp dưới
部下

 上司
Superior
cấp trên
上司

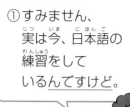

①すみません、実は今、日本語の練習をしているんですけど。

②はい。

③よかったら、ちょっと見てもらえませんか。

④ああ、いいですよ。

⑤ありがとうございます。

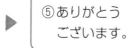

Point　**〜んですけど**：「〜んですけど」を使って前置きをしたあと、頼む表現を使います。

会話2　場面　**アルバイト先で**
At a part-time job
Ở nơi làm thêm
兼职单位里

人物／関係性

 木村さん（上司）
Ms. Kimura (Superior)
Kimura (cấp trên)
木村（上司）

 リーさん（部下）
Ms. Lee (Subordinate)
Lee (cấp dưới)
小李（部下）

①リーさーん、ちょっと手伝ってもらえる？

②はーい、今行きます。

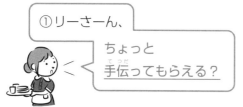

Point　**手伝ってもらえる？**：「手伝って」は直接的な言い方なので、命令に近いです。「手伝ってもらえる？」は質問の形にすることで相手への配慮を表しています。それによって、直接的な言い方を弱めることができます。

ちょっと 見て もらえませんか。

貸して〔貸す〕 ／ 読んで〔読む〕 ／ 手伝って〔手伝う〕
持って〔持つ〕 ／ 読み方を教えて〔教える〕 ／ 漢字を書いて〔書く〕
あの箱、取って〔取る〕 ／ 練習の相手をして〔する〕

依頼のバリエーション

て形 ＋ もらう		て形 ＋ くれる
〜ていただけませんか	高い	〜てくださいませんか
〜ていただけますか		〜てくださいますか
〜てもらえませんか	丁寧さ	（〜てくれませんか）

丁寧に頼む言い方

〜てもらえますか		（〜てくれますか）
〜てもらえない？		〜てくれない？
〜てもらえる？	低い	〜てくれる？
〜て		〜て

直接的な指示を弱める言い方
身近な人に頼む言い方

☞ Lesson26

✐ 練 習

① 例 のように書きましょう。

Model after 例 as reference. ／ Hãy viết giống như 例. ／ 参照 例 写句子。

例 見る ➡ 見てもらえませんか。

1）教える ➡ _____

2）書く ➡ _____

② 日本語でメールを書きました。日本人に見てもらいたいです。何と言いますか。

You have written an email in Japanese. You want to have a Japanese person read over the email. What would you say?
Bạn đã viết mail bằng tiếng Nhật. Bạn muốn người Nhật xem giúp. Vậy sẽ nói như thế nào?
用日语写了封邮件，想让日本人看看。该怎么说？

_____ んですけど、_____

③ 日本人と日本語の会話練習がしたいです。何と言いますか。

You want to practice speaking Japanese with a Japanese person. What would you say?
Bạn muốn luyện tập hội thoại tiếng Nhật với người Nhật. Vậy sẽ nói như thế nào?
想用日语和日本人练习对话。该怎么说？

_____ んですけど、_____

気づかう　近づきたい　あいづち　確認する　もっと敬語　日本語上手　コスパ文法

Lesson 24

これ、使ってもいいですか。

て形 ＋ も ＋ いい

「〜てもいいですか」で許可を求めます。　　OK？ □ て形

会話 1　場面 **職場で**
At their workplace
tại nơi làm việc
在职场

人物／関係性 **会社の同僚**
Coworkers at a company
Đồng nghiệp ở công ty
公司同事

①すみません、これ、使ってもいいですか。

②ええ、どうぞ。

③ありがとうございます。

Point **どうぞ**：「〜てもいいですか」に答える言い方はいろいろあります。「どうぞ」のほかに「いいですよ」「大丈夫です」なども使います。許可できない場合は「それはちょっと…」と答えることができます。「〜んです」を使って理由を続けて言うと丁寧です。☞ Lesson6 会話3

会話 2　場面 **家で**
At home
Ở nhà
家里

人物／関係性 **妻**
Wife
Vợ
妻子

 夫
Husband
Chồng
丈夫

①ねえねえ。

②何？

③これ、借りていい？

④いいよ。

Point **ねえねえ**：親しい関係のとき、「ねえねえ」を使って話しかけます。「ねえ」や「あのね」、「あのさー」などにも使います。
借りていい：「も」は言わないこともあります。
※家族なので普通体で話しています。

これ、使っても いいですか。

> これ、もらっても〔もらう〕 / これ、見ても〔見る〕
> これ、借りても〔借りる〕 / 帰っても〔帰る〕
> このかばん、持って行っても〔持って行く〕

● ない形を使うこともできます。

例 1) A：すみません、これ、漢字で書かなくてもいいですか。

B：あ、大丈夫ですよ。

2) A：すみません、これ、全部終わりました。

B：お疲れさま。

A：じゃあ、明日は来なくてもいいですか。

B：そうですね。いいですよ。

✐ 練 習

1 例のように書きましょう。

Model after 例 as reference. ／ Hãy viết giống như 例. ／ 参照 例 写句子。

例 使う ➡ 使ってもいいですか。

1) 見る ➡ _____

2) 借りる ➡ _____

3) もらう ➡ _____

2 お店にパンフレットがあります。

You see a pamphlet in a store. ／ Ở cửa hàng có tờ quảng cáo. ／ 店里有小册子。

1) あなたはパンフレットを見たいです。何と言いますか。

You want to see the pamphlet. What would you say? ／ Bạn muốn xem tờ quảng cáo. Vậy sẽ nói như thế nào? ／ 你想看小册子。该怎么说?

_____

2) あなたはパンフレットをもらいたいです。何と言いますか。

You want to take a pamphlet. What would you say? ／ Bạn muốn xin tờ quảng cáo. Vậy sẽ nói như thế nào? ／ 你想要小册子。该怎么说?

_____

Lesson 25　その日（ひ）は 仕事（しごと）が あって…。

て形（けい）

断（ことわ）るときや頼（たの）みにくいことを頼（たの）むとき、理由（りゆう）を言（い）った方（ほう）がいいです。そのとき、理由（りゆう）を表（あらわ）す「〜て」を使（つか）うことが多（おお）いです。「〜て…。」を使（つか）うことで、「行（い）けません」「できません」などと直接的（ちょくせつてき）に言（い）うことを避（さ）けることができます。

OK?
□ て形（けい）

会話（かいわ）1

場面（ばめん）　電話（でんわ）で
On the phone
Qua điện thoại
打电话

人物（じんぶつ）／関係性（かんけいせい）

交流協会（こうりゅうきょうかい）の人（ひと）
Person from the exchange association
Người của hiệp hội giao lưu
交流协会的人

アリフさん
Alif
Arifu
阿瑞夫

①アリフさん、アリフさんの料理教室（りょうりきょうしつ）、来月（らいげつ）の10日（とおか）はどうでしょう。

②10日（とおか）ですか…。すみません、その日（ひ）は仕事（しごと）があって…。

③あー、そうですか…。じゃあ、もう一度（いちど）こちらで相談（そうだん）して、ご連絡（れんらく）しますね。

④はい、すみません。

Point　すみません：断（ことわ）るなど、言（い）いにくいことを表（あらわ）すために「すみません」や「あー、ちょっと…」などの言葉（ことば）を使（つか）います。☞ Lesson6 会話（かいわ）2
　　　　そうですか：☞ Lesson22 会話（かいわ）2

会話（かいわ）2

場面（ばめん）　カフェで
At a cafe
Ở quán cà phê
咖啡馆里

人物（じんぶつ）／関係性（かんけいせい）

友達同士（ともだちどうし）
Friends
Bạn bè của nhau
朋友

②ごめん、ちょっと今月（こんげつ）は忙（いそが）しくて…。

①来週（らいしゅう）、サッカー見（み）に行（い）かない？

③そっか…。じゃあ、しょうがないね。

④うん。ぜひ行（い）きたいから、よかったら、また誘（さそ）って。

Point　そっか：「そうですか」の普通体（ふつうたい）です。
　　　　※友達同士（ともだちどうし）なので、普通体（ふつうたい）で話（はな）しています。

すみません、その日は　仕事があって　…。

忙しくて〔忙しい〕
用事があって ／ 予定があって〔ある〕
約束が入っていて〔入っている〕

● ない形を使うこともできます。

例 1）A：明日、映画行かない？

B：ごめん、今、お金が<u>なくて</u>…。

2）A：今度のイベント、手伝ってもらえませんか。

B：すみません、その日は仕事が<u>休めなくて</u>…。

練 習

1 例 のように書きましょう。

Model after 例 as reference. ／ Hãy viết giống như 例. ／ 参照 例 写句子。

例 その日は仕事がある ➡ その日は仕事があって…。

1）先に約束がある ➡ _____

2）その時期は忙しい ➡ _____

2 あなたは次の理由があります。例 のように会話を作りましょう。

You have the following reasons why you must decline people's offers to socialize. Model after 例 and fill in the rest of the conversations.
Bạn có lý do sau đây. Hãy tạo hội thoại như 例.
你有下述理由。请参照 例 完成对话。

例 仕事が入っている

A：明日、映画を見に行きませんか。

B：　すみません、明日はちょっと仕事が入っていて…。

1）明日の朝、早い

A：今日、これから飲みに行きませんか？

B：_____

2）もう約束が入っている（友達同士）

A：来週、映画見に行かない？

B：_____

Would it be possible for me to take a sick day?　　Cho tôi nghỉ được không?　　我可以休息吗？

気づかう　近づきたい　あいづち　確認する　もっと敬語　日本語上手　コスパ文法

Lesson
26

休ませていただけませんか。

動 使役－て形 ＋ いただく － 可能

頼みにくいことを頼むときの丁寧な言い方です。自分の行動を動詞の使役で表します。「～てもいいですか」と同じ意味ですが、もっと丁寧です。

☞ P.89「依頼のバリエーション」

OK?
☐ 使役－て
☐ いただく
☐ 可能

会話 1

場面 電話で
On the phone
Qua điện thoại
打电话

人物／関係性 アリフさん（部下）
Alif (Subordinate)
Arifu (cấp dưới)
阿瑞夫（部下）

 小林さん（上司）
Ms. Kobayashi (Superior)
Kobayashi (cấp trên)
小林（上司）

①あの、すみません。アリフです。

②はい。どうしました？

③あの、実は、昨日から熱が出て、今も38度あって…。

④え、そうなんですか。

⑤はい。

⑥それで、すみませんが、今日休ませていただけませんか。

⑦はい、わかりました。

⑧すみません。ありがとうございます。

⑨はい、じゃあお大事に。

⑩ありがとうございます。

Point

※相手の反応を待ちながら話を進めると、感じがいいです。「あの、すみません、アリフですが昨日から熱が出て、今も38度もあるので、今日は休ませていただけませんか」と、最後まで一気に一人で言わないほうがいいです。

あの、すみません：丁寧に話を始めるとき、「あの、すみません」を使います。

すみません：OKをもらえたとき、「ありがとう」の前に「すみません」と言うと、より丁寧です。

すみませんが、 休ませて いただけませんか。

> 休ませて〔休む〕
> 帰らせて〔帰る〕
> 電話を使わせて〔使う〕
> 休みを取らせて〔取る〕
> 早退させて〔早退する〕

● 「動使役-て いただけませんか」のほかに「動使役-て いただきたいんですが…／いただきたいんですけど…」も使います。

> 例 ・すみません。今日、休ませていただきたいんですが…。
> ・あの、すみません、来月、休みを取らせていただきたいんですけど…。

練習

1 例 のように書きましょう。

Model after 例 as reference. ／ Hãy viết giống như 例. ／ 参照 例 写句子。

例 明日、休む ➡ 明日、休ませていただけませんか。

1）早めに帰る ➡ _____

2）その電話を使う ➡ _____

2 あなたは、体調が悪いので、会社を早退したいです。理由を言って、許可をもらってください。

You are feeling sick and want to leave work early. Ask for permission to leave work, telling them why you want to do so.

Vì không được khỏe nên bạn muốn rời khỏi công ty về sớm. Hãy nói lý do để xin phép.

你身体不舒服，想提前下班。请说出理由，请求允许。

例 A：_____

B：はい。

A：_____

B：大丈夫ですか。

A：_____

B：わかりました。いいですよ。お大事に。

A：_____

文法や言葉の力をつけよう

問題1 例のように身近な人に頼む言い方、丁寧に頼む言い方を書いてみましょう。 ▶L23

	身近な人に頼む	丁寧に頼む（丁寧度：ふつう）	丁寧に頼む（丁寧度：高い）
例	これ、ちょっと見てもらえない？	これ、ちょっと見てもらえませんか。	これ、ちょっと見ていただけませんか。
1)		ここに漢字を書いてもらえませんか。	
2)			ちょっと手伝っていただけませんか。
3)	あのかばん、取ってもらえない？		

問題2 どちらがしますか。正しい方に〇を書きましょう。 ▶L23 ▶L24 ▶L26

例 A：すみません、ちょっと見てもらえませんか。
　　B：ええ、いいですよ。
　　▶ どちらが見ますか。
　　　A（　　　）　B（　〇　）

1) A：すみません、これ、見てもいいですか。
　　B：ええ、どうぞ。
　　▶ どちらが見ますか。
　　　A（　　　）　B（　　　）

2) A：あの、写真を撮ってもいいですか。
　　B：はい。
　　▶ どちらが写真を撮りますか。
　　　A（　　　）　B（　　　）

3) A：すみません、写真を撮ってもらえますか。
　　B：ええ、いいですよ。
　　▶ どちらが写真を撮りますか。
　　　A（　　　）　B（　　　）

4) A：すみません、明日、休ませていただけませんか。
　　B：ええ、いいですよ。
　　▶ どちらが休みますか。
　　　A（　　　）　B（　　　）

問題3 正しい方に〇を書きましょう。 ▶L23 ▶L24

例 このパンフレット、 見せて／見せても もらえますか。

1) すみません、コピーしたいんですが、このコピー機、 かしても／かりても いいですか。

2) 日本語でメールを書いてみたんですが、 見せて／見て いただけませんか。

3) その上の荷物、 取っても／取らせても いいですか。

コミュニケーション力をつけよう

問題1 _____の部分を書いて、会話を作りましょう。

▶L25 その日は仕事があって…。
▶L26 休ませていただけませんか。

1) **状況**：再来月、妹の結婚式があるので、帰国したいと思っ
ています。土日のほかに3日間休みがほしいです。

　　　　　A：部下　　　B：上司

話しかける・
話していいか聞く
　　　A：すみません。今、よろしいですか。

　　　B：はい、どうしたの？

話題を出す
　　　A：あの、来月のシフトなんですけど…。

　　　B：うん。どうしたの？

理由を言う
　　　A：はい。実は、《理由を言う：再来月妹の結婚式がある》

　　　_____

　　　B：ああ、それはおめでとうございます。

許可を求める
　　　A：ありがとうございます。で、《3日間休む許可をもらう》

　　　_____

　　　B：3日ぐらいだったら大丈夫ですよ。

お礼を言う
　　　A：そうですか。すみません。どうもありがとうございます。

2) **状況**：子供の保育園から電話がかかってきて、子供が熱を出したので、迎えにきてほし
いと言われました。あなたは早退したいと思っています。

　　　　　A：あなた　　　B：上司

話しかける・
話していいか聞く
　　　A：_____

　　　B：はい、どうしたの？

話題を出す
　　　A：すみません、実は、《理由を言う：保育園から電話がかかってきた》

　　　_____

理由を言う
　　　B：はい。

　　　A：で、《理由の続きを言う：子供が熱を出したので迎えに行かなけ
　　　　　ればならない》

　　　_____

　　　B：そうなんですか。大変ですね。

許可を求める
　　　A：それで、_____

　　　B：ええ、いいですよ。どうぞお大事に。

お礼を言う
　　　A：ありがとうございます。

Unit 1 自分のことを話してみよう
Unit 2 自分から話しかけてみよう
Unit 3 いろいろな機能の表現を使ってみよう
Unit 4 教科書では学ばない日本語

読んでみよう

ウィンさんは、日本語学校から通訳の仕事を時々頼まれています。来月もその仕事が入りそうです。日本語学校の上田さんからメッセージが来ました。
メッセージのやり取りを読んで質問に答えましょう。

▶L12 休みの日って、何してるんですか。
▶L19 明日、お休みでしたっけ？
▶L25 その日は仕事があって…。

上田

こんにちは。また通訳をお願いしたいんですけど、15日って、空いてますか。時間は13時からです。

ウィン

連絡、ありがとうございます。
すみません、15日は子供の夏祭りのボランティアがあって…。
ちょっと難しそうです。

上田

そうですか。じゃあ、16日はどうですか。

ウィン

16日なら、大丈夫です。
何時にどこに行けばいいですか。

上田

ありがとうございます。時間は13時です。場所は浜松校です。
浜松の校舎って、来たことありましたっけ？

ウィン

浜松校ですね。わかります。
では、16日13時ですね。

上田

助かります。
じゃあ、よろしくお願いします。

ウィン

こちらこそ、よろしくお願いします。

質問1 ウィンさんは15日何をしますか。

_____

質問2 仕事は、いつどこでありますか。

_____

身近な人と話してみましょう。

① 身近な人や職場の人に、祝日の日にちを確認してみましょう。　　▶L19　明日、お休みでしたっけ？

　例　今年の海の日って、いつでしたっけ？／
　　　こどもの日って、5月5日でしたっけ？

② この本の問題をやって、身近な人や職場の人に見てもらいましょう。　　▶L23　ちょっと見てもらえませんか。

　例　あの、すみません。日本語の問題をやってみたんですが、
　　　ちょっと見てもらえませんか。

③ 身近な人や職場の人と一緒に、ロールプレイをしてみましょう。　　▶L23　ちょっと見てもらえませんか。
　下のロールカードを使います。あなたは「Aさん」です。練習の相　　▶L25　その日は仕事があって…。
　手は「Bさん」です。練習の相手に「※一緒に練習してくださる方へ」　　▶L26　休ませていただけませんか。
　を見せてください。　　　　　　　　　　　　　　　　　　　　　　　▶p.97　コミュニケーション力をつけよう

　例　すみません。日本語の会話練習をしたいんですけど、練習の相手をしてもらえませんか。
　　　（「※一緒に練習してくださる方へ」と「ロールカードB」を見せる。）

※一緒に練習してくださる方へ
ロールプレイはお互いの役（ロール）を決めて、会話を練習する方法です。ロールカードの指示に沿って、相手
と会話を進めてください。

◇ロールカード◇
A　Aさん（あなた）

● Bさんと同じ会社で働いています。
● 昨日から喉が痛くて、咳が出ます。
● 熱は、37.5℃です。
● 今日は休んだ方がいいと思っています。
● 職場に電話して、休む許可をもらいましょう。

◇ロールカード◇
B　Bさん（日本人の方）

● Aさんと同じ会社で働いています。
● 職場でAさんからの電話を取りました。
● Aさんの話を聞いて、答えてください。

★チャレンジできましたか。できたことをチェックしましょう。

チャレンジ	できたこと	話した人	できた！
①	自分から話しかけて、祝日の日にちを確認することができた。	（　　　）さん	☐
②	この本の問題をやって、身近な人や職場の人に見てもらうことができた。	（　　　）さん	☐
③	身近な人や職場の人とロールプレイができた。	（　　　）さん	☐

Unit 1　自分のことを話してみよう
Unit 2　自分から話しかけてみよう
Unit 3　いろいろな機能の表現を使ってみよう
Unit 4　教科書では学ばない日本語

「言いさし文」とあいづち

　日本語には、文を途中で終わったように見える文があります。例えば、P.39の「〜がわからないんですが…。」やレッスン25の「仕事があって…。」、P.95の「休ませていただきたいんですが…（いただきたいんですけど…）。」のようなもので、これらは「言いさし文」と呼ばれています。「言いさし」というのは途中まで言うことですが、これらは、途中で終わっているのではなく、言いたいことを十分に言い終えていると考えられています。ですから、理由を言うときや依頼をしたいとき、許可を求めたいときには、これらの文が自然でとても良い言い方です。

　また、文末まで話すときも、相手の反応を見ながら途中で止まることも重要です。一気に話してしまわないことで、相手のあいづちと一緒に文を作っていくことができます。途中で止まって、相手のあいづちや反応に合わせて続きの文を言うと、とても自然な会話になります。

There are Japanese terms/phrases that you will need in your daily life in Japan that may not show up in textbooks. These can be terms/phrases that you would need to keep yourself safe, or to clarify your relationships with other people. In this unit, we have compiled these rather unique Japanese terms/phrases. Perhaps you will hear these terms/phrases being used by characters in TV shows, anime, and movies, or by a person in your life. We encourage you to study these and make sure you understand them.

Ngoài tiếng Nhật có trong sách giáo khoa thì còn có tiếng Nhật cần thiết trong đời sống ở Nhật Bản. Đó là tiếng Nhật để bảo vệ an toàn tính mạng bản thân, hay tiếng Nhật để làm rõ mối quan hệ với đối phương.
Trong Unit này đã tập hợp tiếng Nhật đặc biệt như vậy. Có thể trong phim truyền hình, hoạt hình, phim điện ảnh, hoặc người xung quanh sẽ dùng tiếng Nhật ở Unit này. Hãy học để có thể hiểu được nhé!

除了教科书上的日语外，还有其它在日本生活中不可或缺的日语。那就是有关保护自身安全的日语、明确与对方关系的日语。
本单元收集了此类比较特殊的日语。电视剧、动画片、电影里或身边的人也许会用到本单元的日语。请一起学习并掌握吧。

Unit 4

教科書では学ばない日本語

教科書に出てくる日本語以外にも、日本で生活していくうえで必要な日本語があります。それは、自分の身の安全を守る日本語だったり、相手との関係性をはっきりさせる日本語だったりします。
このUnitでは、そんな少し特別な日本語を集めました。ドラマやアニメ、映画、または身近な人がこのユニットの日本語を使っているかもしれません。
勉強して、理解できるようにしましょう。

Lesson 27
「台風が近づいています。」
"A typhoon is approaching."
"Bão đang đến gần".
「台风来了。」

Lesson 28
地震だ。
It's an earthquake.
Động đất.
地震了。

Lesson 29
何やってるんだ！
What are you doing?!
Đang làm gì đấy!
你在干什么！

Lesson 30
飯、食ったか？
You eaten yet?
Ăn cơm chưa?
吃饭了吗？

" A typhoon is approaching. "

"Bão đang đến gần".

「台风来了。」

Lesson
27

「台風が 近づいています。」

日本は災害の多い国です。地震のように突然来るものもありますが、台風のように事前に来ることがわかる災害もあります。このレッスンでは、台風の情報を理解できるように、よく聞く言葉や表現を勉強します。

会話 1　場面　**職場の休憩時間**
In a break room
Giờ nghỉ giải lao ở chỗ làm
职场休息时间

人物／関係性

 女性 Woman Nữ 女性

 男性 Man Nam 男性

① 台風が近づいています。

② 明日、計画運休があるそうですよ。

③ そうなんですか。何時からですか？

Point　**計画運休**：電車やバスの会社が、台風などで混乱しないように、前もって運行の中止を決めること。

会話 2　場面　**電車の車内で**
In the train
Trong toa xe tàu điện
电车车厢里

人物／関係性

 女性 Woman Nữ 女性

 男性 Man Nam 男性

① 倒木の影響で、一時運転を見合わせております。運転再開の見込みは…

② え？ みあわ…、何ですか。

③ 木が倒れたので、電車が止まっているみたいです。

ほかの電車を使った方がいいかもしれませんね。

Point　**倒木**：木が倒れること
一時：少しの間
見合わせる：そのことをやめて、様子を見ること
見込み：予想、可能性
みあわ…、何ですか：☞ Lesson18

会話 3 ラジオの災害情報
Natural disaster info on the radio
Thông tin tai họa trên đài
广播里的灾害信息

 大型で非常に強い台風19号が、明日未明、関東に上陸します。

避難所へは、明るいうちに避難してください。

状況は、常に変わります。必ず最新の情報を確認してください。

 Point

大型：大きさが大きい　　　　**非常に**：とても
未明：明け方、明るくなる前　**上陸します**：台風が海から陸に来ること

言葉と表現

● 台風のとき、よく使われる言葉です。

河川、水位、氾濫、堤防、土砂

例
- 河川の水位が上がっています。
- 河川の氾濫に注意してください。
- 堤防が決壊しました。
- 土砂災害が発生しました。

冠水、通行止め、解除、停電

例
- 道路が冠水しています。
- 国道○○号線が通行止めになっています。
- 通行止めが解除されました。
- 停電が起きています。

避難所、開設

例
- 避難所が開設されました。

振り替え輸送、復旧

例
- 振り替え輸送を行っております。
- ○時ごろ復旧の予定です。
- 復旧の見込みは立っておりません。

注意の呼びかけ

「警戒レベル」という言葉を使って、避難情報が出されます。「警戒レベル4」までには必ず避難しましょう。

警戒レベル

高い	レベル	避難行動など
↑	5	命の危険 直ちに安全確保
危険度	4	全員避難
	3	高齢者等は避難
↓	2	避難行動の確認
低い	1	心構えを高める

参考：「避難情報に関するガイドライン（令和3年5月 内閣府）

備えるための情報

日本は災害の多い国です。事前にわかっている災害なら、自分の命や家族、財産を守ることができます。そのためには、前もって準備することが必要です。近くの日本人や国際交流協会、会社の人などに災害時に必要な日本語、知識を聞いてみましょう。また、インターネットにも、災害に関するたくさんのページが開設されています。ひらがなでも検索できます。

災害時には、助けられるだけではなく、皆さんが助けることもあるでしょう。近所の人や、会社の人と日頃から交流しておくことが大切です。「顔見知り」になって、災害時にはお互い助け合いましょう！

さいがい　がいこくご	🔍

ハザードマップ　外国語	🔍

Lesson
28

地震だ。

日本は地震が多い国です。事前に来ることがわかる災害と違って、地震は突然起こります。突然起きたことに対応するための表現を勉強します。地震が起きたときは、まずは身を守り、それから、その後に起こる災害にも注意しなければなりません。

会話1　場面 **地震が起きたとき**
When an earthquake occurs
Khi xảy ra động đất
地震发生时

人物/関係性 **夫婦**
Husband and wife
Vợ chồng
夫妻

①あ、地震だ。

②大きいね。
テーブルの下に入って。

③おさまったね。
ドアを開けてきて。

④わかった。

Point
テーブルの下に入る：地震が起きたら、命を守るために、丈夫なテーブルの下や、物が落ちてこない、倒れてこない、移動してこないところに行きます。火の元の確認や消火は、地震がおさまってからします。
おさまる：地震がおさまったら、コンロの火やストーブを消します。出火したら、落ち着いて消火します。
ドアを開けてくる：地震がおさまったら、窓や戸を開け、出口を確保します。「～てくる」☞ Lesson21

会話2　場面 **テレビのニュース**
News on the TV
Tin tức trên ti vi
电视新闻

①19日午後3時21分ごろ地震がありました。
この地震による津波の心配はありません。
各市町村の震度は以下のとおりです。
震度5弱〇〇県××町…

②震源地は〇〇県東方沖で震源の深さは50キロ、地震の規模を示すマグニチュードは5.5と推定されます。

③余震に注意してください。
今後、1週間程度、特に2、3日の間は、同じような規模の地震に注意が必要です。

Point
震度：地震の揺れの強さを表します。
マグニチュード：地震そのものの大きさ（規模）を表します。
余震：あとから来る地震

| 会話3 | 場面 | 救急車を呼ぶ
Call an ambulance
Gọi xe cấp cứu
叫救护车 | | 人物／関係性 | | 通報者
Person calling emergency services
Người thông báo
呼救人 | | けが人
Injured person
Người bị thương
伤者 |

①もしもし。

②119番です。火事ですか。救急ですか。

③救急です。

④けがですか？病気ですか？

⑤人が倒れていて、頭から血が出ています。

Point 救急車：日本では、「119」です。無料ですから、大変なときはすぐに電話してください。火事のときも同じ「119」に電話します。

| 会話4 | 場面 | 救急車を呼ぶ
Call an ambulance
Gọi xe cấp cứu
叫救护车 | | 人物／関係性 | | 救急隊員
Rescue worker
Nhân viên cứu hộ
救护队员 | | けが人
Injured person
Người bị thương
伤者 |

①大丈夫ですか？どこが痛いですか？

②あたま…

③わかりました。

Point どこが痛いですか：救急隊員が知りたい情報です。病院のどの科に行くか考えるために必要な情報です。

言葉と表現

● 病気やけが以外にも、このような情報を伝えるといいです。

妊娠しています。

小さい子供がいます。

○○の薬を飲んでいます。

右腕に障害があります。

○○の持病があります。

○○のアレルギーがあります。

Lesson 29　何 やってるんだ！

「やっています」の普通体やって（い）る＋んですかの普通体

「何やってるんだ」は「何をやっているんてすか」の普通体です。「か」がありませんが、質問の文です。強く注意するときに、質問の形で言うときがあります。この形で注意するときは、とても危ないときや、今すぐにそのことをやめなければならないときです。注意されているので、質問には答えません。強い調子でない場合は、あきれた気持ちを表すこともできます。主に男の人が使います。

| 会話1 | 場面 | 工場で
At a factory
Ở nhà máy
工厂里 | 人物／関係性 | | 上司
Superior
cấp trên
上司 | | 社員
Employee
Nhân viên công ty
员工 |

① 何やってるんだ！

さっき、これは動かすなって言っただろ！

② すみません。これは、大丈夫だと思って…

③ ちゃんと聞けよ。これもダメだって説明しただろ。

ちゃんとやれよ。けがするから。

④ すみませんでした。

Point

動かすな：「動かす」の禁止形です。

〜って言った：☞ Lesson 22

だろ：「〜だろう」が話し言葉で短くなった形です。「〜だろう」は「〜でしょう」の普通形です。確認するために使う「〜でしょう？」は「です・ます」の形ですが、丁寧体ではありません。ですから、「〜でしょう？」は目上の人には使えません。「言ったでしょう」を強く言うと、叱る言い方になります。「〜だろう」は「でしょう」よりも強い言い方で、男の人が主に使います。

聞け：「聞く」の命令形

よ：命令形と一緒に使って、動詞の意味を強めます。「命令形＋よ」は男の人が多く使います。

やれ：「やる」の命令形

注意する

日本語で注意するときの表現はいろいろあります。いちばん簡単なのは、「ダメ」です。皆さんも聞いたことがあると思います。「それはダメだよ」「それは使っちゃダメ」などです。その他、「コラ！」というのもあります。漫画や、アニメの中で出てきますが、実際の場面では、あまり使われません。でも、「コラ！」が、注意する言葉だということは、みんな知っています。

| 会話 2 | 場面 | 家で
At home
ở nhà
家里 | 人物/関係性 | お母さん
Mother
Mẹ
妈妈 | 子ども
Child
Con
孩子 |

① 何やってるの！
宿題、終わったの？

② まだ…

③ はやく
やりなさい！

は〜い

Point

の：「〜んですか」の普通体です。

なさい：「ます形＋なさい」で命令を表します。

言葉と表現

● ほかにも注意するとき、このような表現もあります。

> しっかりしろ（♠） ／ しっかりして（♠♥）
> しっかりしなさい（♠♥） ／ しっかりしてください（♠♥）
>
> **意味▶** 責任をもって、そのことをしてください。

♠＝男性が多く使う表現
♥＝女性が多く使う表現
♠♥＝男性も女性も使う表現

> きちんとしろ（♠）
> きちんとして（♠♥）
> きちんとしなさい（♠♥）
> きちんとしてください（♠♥）
>
> **意味▶** 決まっていることを守ってやってください。

> ちゃんとしろ（♠）
> ちゃんとして（♠♥）
> ちゃんとしなさい（♠♥）
> ちゃんとしてください（♠♥）
>
> **意味▶** 自分で考えて、そのことを、まじめに、最後までやってください。

✎ 練習

1 絵を見て、子供に「〜なさい」を使って、注意しましょう。

Look at the illustration, and reprimand the child using "〜なさい".
Hãy xem tranh và dùng "〜なさい" để chú ý đứa trẻ.
请看图，对孩子说「〜なさい」提醒他。

① ＿＿＿＿＿＿＿＿＿＿＿＿＿＿＿＿＿＿

② ＿＿＿＿＿＿＿＿＿＿＿＿＿＿＿＿＿＿

③ ＿＿＿＿＿＿＿＿＿＿＿＿＿＿＿＿＿＿

④ ＿＿＿＿＿＿＿＿＿＿＿＿＿＿＿＿＿＿

Lesson **30**

飯、食ったか？

「食う」のた形

同じことを言う場合でも、言い方の違いにより、男の人のように聞こえたり、女の人のように聞こえたり、お年寄りのように聞こえたりすることがあります。

会話1

場面 **職場の昼休み**
Lunch time at work
Nghỉ trưa ở chỗ làm
职场午休

人物／関係性 **社長**
Company president
Giám đốc
总经理

 フォンさん（社員）
Feng (Employee)
Phong (nhân viên công ty)
小方（员工）

①お、フォン君。もう、飯、食ったか？

②いえ、まだです。

③じゃあ、一緒に食いに行くか。

④はい。

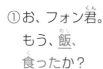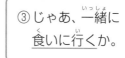

Point
飯：「ご飯」という意味です。「食事」の意味でも使います。男の人がよく使います。
食った：「食う」のタ形です。「食う」は「食べる」という意味です。男の人がよく使います。
食いに行く：☞ Lesson 20

会話2

場面 **ファミレスで**
At a diner
Ở nhà hàng cho gia đình
家庭餐厅里

人物／関係性 **友達同士**
Friends
Bạn bè của nhau
朋友

①ちょっと便所、行ってくる。

②え？便所って…

③え？便所っておかしい？

④便所は男の人っぽいかな。

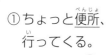

Point
便所：「トイレ」の意味です。男の人が使うことが多いです。少し古い言い方にも聞こえます。いろいろな言い方がありますが、「トイレ」「お手洗い」などが一般的です。
ぽい：「みたい」と同じ意味です。話すときに使います。
かな：☞ Lesson12 会話1

会話 3

| 場面 | **バイト先_{さき}で**
At a part-time job
Ở nơi làm thêm
兼职单位里 | 人物／関係性 | **バイト仲間_{なかま}**
Coworkers at a part-time job
Đồng nghiệp làm thêm
兼职伙伴 |

①おれ、この歌_{うた}好_すきなんだよね。

②え？ ぼくも。この歌_{うた}いいよね。

③私_{わたし}も好_すき。

Point

おれ：「わたし」という意味_{いみ}です。男_{おとこ}の人_{ひと}がよく使_{つか}います。カジュアルな言_いい方_{かた}です。丁寧_{ていねい}に話_{はな}すときは使_{つか}いません。

ぼく：「わたし」という意味_{いみ}です。男_{おとこ}の人_{ひと}がよく使_{つか}います。「おれ」より少_{すこ}し丁寧_{ていねい}ですが、フォーマルな場面_{ばめん}では「わたし」と言_いったほうがいいです。

 会話 4

| 場面 | **職場_{しょくば}で**
At their workplace
tại nơi làm việc
在职场 |

| 人物／関係性 | **同僚同士_{どうりょうどうし}**
Coworkers at a company
Đồng nghiệp của nhau
公司同事 | 人物／関係性 | **同僚同士_{どうりょうどうし}**
Coworkers at a company
Đồng nghiệp của nhau
公司同事 |

①おまえ、きのう、休_{やす}んだの？

②そうなんだよ。

①おまえ、きのう、休_{やす}んだの？

② え？

| 人物／関係性 | **後輩_{こうはい}**
Junior employee
Đàn em
后辈 | **先輩_{せんぱい}**
Senior employee
Đàn anh
前辈 |

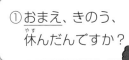

①おまえ、きのう、休_{やす}んだんですか？

② え？ おまえ!?

Point

おまえ：上下関係_{じょうげかんけい}のない男_{おとこ}の人同士_{ひとどうし}の会話_{かいわ}では「おまえ」を使_{つか}っても大丈夫_{だいじょうぶ}ですが、女_{おんな}の人_{ひと}が使_{つか}うと荒_{あら}っぽい印象_{いんしょう}を与_{あた}えてしまいます。また、目上_{めうえ}の人_{ひと}には使_{つか}いません。

女_{おんな}の人_{ひと}の言葉_{ことば}と男_{おとこ}の人_{ひと}の言葉_{ことば}

女_{おんな}の人_{ひと}の言葉_{ことば}と男_{おとこ}の人_{ひと}の言葉_{ことば}は違_{ちが}いが少_{すく}なくなっています。しかし、時々_{ときどき}、その人_{ひと}に合_あわない言葉遣_{ことばづか}いをしたり、丁寧_{ていねい}な話_{はな}し方_{かた}の中_{なか}に丁寧_{ていねい}ではない言葉_{ことば}が混_まざったりすると、変_{へん}だと思_{おも}われることもあります。言葉_{ことば}の使_{つか}い方_{かた}は、あなたがどんな人_{ひと}に見_みえるかにも関係_{かんけい}があります。こう見_みられたいと思_{おも}う話_{はな}し方_{かた}を考_{かんが}えてみましょう。

救急情報シートを作ってみよう

Let's make an emergency information sheet

让我们做一个紧急信息表

Hãy lập bảng thông tin khẩn cấp

災害時、けがや病気の緊急時のために、下の「救急情報シート」を作っておくと便利です。
下のシートに自分のことを日本語で書いてください。財布の中や、防災リュックの中などに入れておくと安心です。または、部屋のすぐわかるところに貼っておいてもいいです。
何枚か作って、いろいろなところに置いておくといいかもしれません。家族みんなの分、作っておきたいですね。

It is good to have a "救急情報シート" for when there is a natural disaster, or if you get injured or fall ill.
Fill in the following sheet, in Japanese, with information about yourself. Keep it in your wallet or emergency backpack for peace of mind. You can also tape it up in your room so you can use/consult it right away when necessary.
It may be helpful to make several copies and keep them in various settings in your daily life. We encourage you to make one for all of your family members.

Sẽ tiện lợi nếu như bạn làm sẵn "救急情報シート(Bảng thông tin cấp cứu)" ở bên dưới, để dành cho khi tai họa hay lúc khẩn cấp như bị thương hay bị bệnh v.v.
Hãy viết bảng tiếng Nhật về bản thân vào bảng dưới đây. Nếu cho sẵn vào ví, hay ba lô phòng chống tai họa thì sẽ yên tâm được. Hoặc là dán vào chỗ nào mà để thấy trong phòng.
Nên làm mấy tấm rồi để sẵn ở nhiều nơi. Bạn cũng nên làm cho cả phần của mọi người trong gia đình nhé.

发生灾害、受伤或生病等紧急情况时，如果备有以下"救急情报シート（紧急信息表）"会非常方便。
请在下表内用日语填写自己的信息。放在钱包或防灾背包里比较放心。也可以贴在房间里的明显处。
可以多写几张，放在不同的地方。把全家人的也一起做出来吧。

救急情報シート

名前（漢字）				性別	M・F
名前（ローマ字）					
名前（カタカナ）					
名前（ひらがな）					
生年月日		携帯電話番号	–	–	
パスポートNo.		大使館の電話番号	–	–	
国籍		宗教			
血液型	A・B・O・AB・Rh	身長・体重	cm・		kg
アレルギー		いつも飲んでいる薬			
日本語力	全然わからない　　　　日常会話はわかる　　　　よくわかる				
日本語以外の話せる言語					

● 日本にいる親しい人

名前			話せる言葉	
電話番号	–	–	国籍	
名前			話せる言葉	
電話番号	–	–	国籍	
名前			話せる言葉	
電話番号	–	–	国籍	

私のことが「こわい」！？

　このユニットでは、いろいろな日本語を紹介しました。教科書とはちょっと違う日本語が勉強できましたか？　その他に、日本にも「方言」というものがあります。その地域によって同じ言葉が違う意味だったり、イントネーションが違ったりします。

　ある介護施設で、おばあちゃんが「こわい、こわい」と言うので、外国人介護士さんは悩んでいました。「私が外国人だから、おばあちゃんは私がこわいんだ…」と思ったのです。施設の方に相談したところ、「こわい」は、「疲れた」という意味の方言でした。これは茨城県などでお年寄りが使う言葉です。

　このように、お年寄りだけが使う方言があったり、若者からお年寄りまでみんなが使う方言があったりします。方言は、地域や年齢によって違うため、慣れるまで大変かもしれませんが、その「方言」もぜひ楽しんでみてください。

著者紹介

栗又由利子 (KURIMATA Yuriko)

技能実習生の日本語教育を専門とした「㈱きぼう国際外語学院」主任講師。
日本語学校、小学校での外国人児童生徒指導の経験を経て、2009年より現職。
2012年から「やさしい日本語」の地域への普及とFMラジオ、コミュニティラジオを使って「多文化共生」推進のための文化庁委託事業を6年間行う。
2012年文化庁地域日本語教育コーディネーター研修修了。

世良時子 (SERA Tokiko)

北里大学医療衛生学部非常勤講師。
東京外国語大学大学院博士前期課程修了後、国内外の日本語教育機関で日本語の予備教育や留学生の教育に携わる。
現在、実践女子大学文学研究科博士後期課程在学中。
著書に『日本語教育能力検定試験に合格するための用語集』『日本語教師のための異文化理解とコミュニケーションスキル』等、多数。

■ 編集協力：青山美佳（青山組）

■ 本文デザイン・カバーデザイン・イラスト・DTP：岡村伊都

■ 会話ナレーション：
安島瑶山、飯田芳幸、飯田薫、飯田憲佑、栗又由利子、栗又義典、清水亮、世良時子、世良京子、立石恵美子、鳥居由美子、幡野由理、水島潮、安田美加代、吉田航、本田杏子、渡辺まゆか

■ 翻訳：株式会社アミット

■ 協力：日本郵便株式会社

読者アンケートのお願い

本書に関するアンケートにご協力ください。
右のコードかURLからアクセスし、以下のアンケート番号を入力してご回答ください。
当事業部に届いたものの中から抽選で年間200名様に、「図書カードネットギフト」500円分をプレゼントいたします。

アンケート番号：305274　　　https://ieben.gakken.jp/qr/nihongo/

コミュニケーションを楽しもう！

今日からはじめる

感じがいい日本語

著 ｜ 栗又由利子
　　　世良時子

【初級レベル】

別冊

翻訳と解答・解答例

Gakken

Lesson 1　レー・ヴァン・アンと申します。

"〜と申します" is a polite way to introduce yourself to someone you have just met.

Khi giới thiệu tên mình với người lần đầu tiên gặp mà dùng "〜と申します" thì sẽ rất lịch sự.

向初次见面的人介绍自己的名字时，为表礼貌宜用「〜と申します」。

と呼んでください：Because it can be difficult for Japanese people to pronounce foreign names, it may be helpful to give yourself a nickname they can call you by.

から参りました：Use "〜から参りました" to tell people where you are from. "参る" is the humble form of "行く・来る".

お願いいたします："いたす" is the humble form of "する"."お願いいたします" is more polite than "お願いします".

お名前は？：This means the same thing as "お名前は何ですか". The "何ですか" is often omitted.

ご出身は？：This means the same thing as "ご出身はどこてすか". The "どこてすか" is often omitted.It means "どこから来ましたか".

と呼んでください：Đối với người Nhật thì tên của người nước ngoài khó gọi, vì vậy nên cho họ biết tên ngắn của mình mà mình muốn họ gọi.

から参りました：Khi nói về xuất thân thì dùng "〜から参りました". "参る" là thể khiêm nhường của "行く·来る".

お願いいたします："いたす" là thể khiêm nhường của "する". Dùng "お願いいたします" thì sẽ lịch sự hơn "お願いします".

お名前は？：Cùng nghĩa với "お名前は何ですか". Thường thì không cần nói "何ですか".

ご出身は？：Cùng nghĩa với "ご出身はどこですか". Thường thì không cần nói "どこですか".Có nghĩa là "どこから来ましたか".

と呼んでください：外国人的名字对日本人来说很难，可以告诉他们一个自己希望被称呼的短名。

から参りました：介绍自己是哪里人时用「〜から参りました」。「参る」是「行く・来る」的谦让语。

お願いいたします：「いたす」是「する」的谦让语。「お願いいたします」比「お願いします」更礼貌。

お名前は？：和「お名前は何ですか」意思一样。多数情况下不说「何ですか」。

ご出身は？：和「ご出身はどこですか」意思一样。多数情况下不说「どこですか」。表示「どこから来ましたか」的意思。

練習

解答例〔 Example answer ／ Câu trả lời ví dụ ／ 答案示例 〕

① ○交流会

レー・ヴァン・アンと申します。
アンと呼んでください。
ベトナムから参りました。
どうぞよろしくお願いいたします。

○新しい職場

チャプカン・ナタポーンと申します。
ユリと呼んでください。
タイから参りました。
ご迷惑をおかけするかもしれませんが、どうぞよろしくお願いいたします。

＊難しい場合は、「どうぞよろしくお願いいたします」だけでも大丈夫です。

Lesson 2 　この近くに住んでいます。

Use "〜ています" to talk about your circumstances, such as where you live, what you do for a living, and whether you are married.

Dùng "〜ています" để nói về tình trạng của bản thân, ví dụ như nơi đang sống, công việc, hay có đang kết hôn hay không v.v.

向对方介绍自己的情况时，使用「〜ています」。例如住在哪里、在哪里工作、是否结婚了。

住んてます：In spoken Japanese, the "い" in "〜ています" is sometimes omitted, making it "〜てます".

という会社：Explain things that people may not know about using, "<thing> + という (noun)."

働いていました：Use "〜ていました" to talk about circumstances in the past.

住んてます："〜ています" thì thường trong văn nói lược bỏ chữ "い" thành "〜てます".

という会社：Dùng "tên gọi sự vật+という(danh từ)"để giải thích về thứ mà người khác không biết nhiều.

働いていました：Đối với tình trạng trong quá khứ có thể dùng "〜ていました".

住んてます：在口语中，「〜ています」的句式有时候会省略「い」，成为「〜てます」。

という会社：用「名称＋という（名词）」句式介绍别人不熟悉的东西。

働いていました：对于过去的状态，可以用「〜ていました」表达。

練 習

解答例〔Example answer ／ Câu trả lời ví dụ ／ 答案示例〕

① ・結婚しています。＊結婚していないとき：「独身です」　　　・大学に通っています。
　　・大阪に住んでいます。　　　・いけばなを習っています。　　　・タナカという会社で働いています。

コンビニで働いたことがあります。

Use "～たことがあります" to talk about experiences you have had. Do not use it for things that you do all the time.

Khi nói về kinh nghiệm của bản thân thì dùng "～たことがあります". Không dùng cho việc mà lúc nào cũng làm.

表述自己的经历时用「～たことがあります」。对于一直做的事情则不适用。

Point

この機械、使ったことある？：The post-positional particles "を" and "が" are sometimes omitted in spoken Japanese.

はい、あります：You can omit "～たことが" when responding, as in "はい、あります" or "いいえ、ありません".

～は、～は：Use the post-positional particle "は" when explaining something in the form of a comparison.

この機械、使ったことある？：Khi nói thì có khi lược bỏ trợ từ "を", "が".

はい、あります：Trả lời là "はい、あります", "いいえ、ありません", mà không cần nói "～たことが" cũng được.

～は、～は：Khi giải thích mang tính so sánh thì dùng trợ từ "は".

この機械、使ったことある？：说话时有时候会省略助词「を」「が」。

はい、あります：如「はい、あります」「いいえ、ありません」，回答时可省略「～たことが」。

～は、～は：作对比说明时使用的助词为「は」。

練習

① 1）このアプリを使ったことがあります。　　2）富士山へ行ったことがあります。　　3）釣りをしたことがあります。

② 解答例〔Example answer ／ Câu trả lời ví dụ ／ 答案示例〕

・有名な歌手に会ったことがあります。　　・インドへ行ったことがあります。

使い方、わかりますか。

Use the post-positional particle "が" for "わかります", as in "～がわかります". "が" is sometimes omitted in spoken Japanese.

"わかります" được dùng cùng trợ từ "が" là "～がわかります". Khi nói thì có khi không cần trợ từ "が".

当「わかります」用作「～がわかります」形式时，使用助词「が」。说话时有时候会省略「が」。

Point

～方："ます form of verb ＋方" is used to describe methods.

いいえ…。すみません。：This conveys, "I'm sorry I don't know how to use it" and "I'm sorry to cause you trouble, as you're going to have to teach me how to use it".

あ：Sometimes used at the beginning of a sentence when responding to a person's question.

ちょっと…：Conveys "わかりません" without ever saying the actual phrase, "わからない".

おきます：Use "(～て) おきます" to describe something you will be doing to prepare for an upcoming occurrence.

～方：Diễn đạt phương pháp bằng "thể ますcủa động từ ＋方".

いいえ…。すみません。：Hàm ý "xin lỗi vì tôi không biết", và "xin lỗi vì làm phiền, bắt bạn phải dạy cho tôi".

ああ：Có khi dùng khi bắt đầu nói chuyện để trả lời câu hỏi của đối phương.

ちょっと…：Truyền đạt việc "わからない", mà không nói rõ đến cuối cùng là "わかりません".

おきます：Diễn đạt việc làm để chuẩn bị cho việc gì đó bằng "(～て) おきます".

～方：用「动词的ます形＋方」表示方法。

いいえ…。すみません。：含有"我不知道，抱歉"，以及"接下来我会接受指教，很抱歉给您添麻烦了"的心情。

あ：在回答对方的问题时，有时用在开头。

ちょっと…：不完整说出「わかりません」，而是以此来表达自己「不知道」。

おきます：用「(～て) おきます」表示为某事做准备而做的事。

練習

解答例【Example answer ／ Câu trả lời ví dụ ／ 答案示例 】

① 1）・なんとなくわかります。

2）・だいたいわかります。　　・いいえ、ちょっと…。

Unit
1
自分のことを話してみよう

Unit
2
自分から話しかけてみよう

Unit
3
いろいろな機能の表現を使ってみよう

Unit
4
教科書では学ばない日本語

Lesson 5 スペイン語ができます。

Use "< noun > + ができます" to say you can do something.

Khi muốn nói biết làm gì đó, thì dùng "<danh từ> + ができます".

想表达会做什么时，用「<名>+ができます」。

Point

はてきますか：When asking someone if they can do something, people often use "〜はできますか".

はい、てきます：You can omit "車の運転は" when responding.

トラックは？：This means "トラックはどうですか".

ちょっと…：You can also convey that you cannot do what they are asking without clearly stating, "できません".

はてきますか：Khi hỏi thì thường hay hỏi là "〜はできますか".

はい、てきます：Khi trả lời thì không cần nói "車の運転は".

トラックは？：Nghĩa là "トラックはどうですか" (xe tải thì sao?).

ちょっと…：Truyền đạt việc không biết mà không nói rõ là "できません".

はてきますか：提问时常用「〜はできますか」。

はい、てきます：回答时可省略「車の運転は」。

トラックは？：表达"卡车会开吗？"的意思。

ちょっと…：不直接说"できません"，而是以此来表达自己不会。

練習

解答例〔Example answer ／ Câu trả lời ví dụ ／ 答案示例〕

① 例 日本語の新聞　・　書きます
　1）日本語でメール　・　読みます
　2）ギター　・　話します
　3）英語　・　運転します
　4）バイク　・　弾きます

　1）日本語でメールを書くことができます。
　2）ギターを弾くことができます。
　3）英語を話すことができます。
　4）バイクを運転することができます。

Lesson 6 日本語でメールが書けます。

Use the potential form of a verb to talk about what you can or cannot do.

Khi muốn nói việc có thể làm được hay không thể làm được thì có thể dùng thể khả năng của động từ.

想表达会做什么或不会做什么时，可以用动词的可能形。

Point

ちょっと…：Conveys that you cannot/do not drink without clearly stating, "お酒は飲めません".

んてすか：Ask a question using "〜んてすか" when you want to know the reason or explanation behind something.

食べられないんてす：The normal form of "食べられません", "食べられない" + "んてす". Use "〜んてす" when explaining your situation.

そうなんてすか：Used when responding to a sentence that ends in "〜んてす", or as an interjection after asking someone the reason/explanation behind something.

ちょっと…：Truyền đạt việc không uống được mà không cần nói rõ là "お酒は飲めません".

んてすか：Khi muốn hỏi lý do hay giải thích thì dùng "〜んてすか" để hỏi.

食べられないんてす：Là thể dùng thể thông thường thường của "食べられません" là "食べられない" + "んてす". "〜んてす" dùng khi muốn giải thích tình trạng bản thân.

そうなんてすか：Dùng cho khi trả lời câu nói có dùng "〜んてす", hay phản ứng khi nghe giải thích / lý do.

ちょっと…：不直接说 "不会喝酒"，而是以此来表达自己不会喝酒。

んてすか：想听取理由或对方的说明时，用「〜んですか」提问。

食べられないんてす：「食べられません」的普通形「食べられない」+「んです」的形式。想说明自己的情况时用「〜んです」。

そうなんてすか：在回应用到「〜んです」句式的话题时，或在听到说明、理由时作为附和而使用。

練習

① 1）お酒が飲めます。　　2）ピアノが弾けます。
　　3）生の魚が食べられます。　　4）日本語でメールが書けます。

7

Lesson 7

田中ユリの母の田中エミリです。

People will sometimes reference a relationship they have with someone else when introducing themselves, in order to help their conversational partner understand who they are. "人の名前" should be replaced with the name of a person the conversational partner knows.

Khi tự giới thiệu bản thân, thì có khi dùng mối quan hệ dễ hiểu với đối phương để giới thiệu tên của mình. "人の名前" (tên của người khác) là dùng tên của người mà đối phương biết.

自我介绍时，可以用易于对方理解的关系性来说自己的名字。"人の名前" 用对方认识的人的名字。

○○がいつもお世話になっております：Used when meeting someone who works with, takes care of, or is otherwise closely involved with a member of your family, such as a family member's coworker or your child's teacher at school.

こちらこそ：This expresses thanks to the other person. If you are also thankful to the person who says it to you, you can respond with "こちらこそ～" or even just "こちらこそ".

○○がいつもお世話になっております：Nói khi gặp người mà người nhà mình có biết ơn, ví dụ như người ở cùng nơi làm việc với người nhà, hay giáo viên ở trường học của con mình v.v.

こちらこそ：Khi được đối phương nói lời cảm ơn, và bản thân cũng muốn nói lời cảm ơn thì sẽ nói "こちらこそ～".

○○がいつもお世話になっております：与家人的同事、子女所在学校的老师等关照自己家人的人见面时使用。

こちらこそ：被对方感谢，自己也向对方道谢时说「こちらこそ～」。

練習

解答例【 Example answer ／ Câu trả lời ví dụ ／ 答案示例 】

① ① 初めまして。佐藤えみの母の佐藤マリアです。どうぞよろしくお願いします。
　② 初めまして。山田太郎の妻のユリです。いつもお世話になっております。
　③ 初めまして。後藤くんの友人の渡辺ジャソールです。よろしくお願いします。
　④ 初めまして。小林君の友人のアリです。どうぞよろしくお願いします。
　⑤ 初めまして。斉藤の後輩のトンです。よろしくお願いいたします。
　⑥ 初めまして。上田の部下の小川です。いつもお世話になっております。

8

両親と兄が2人います。
<small>りょうしん　あに　ふたり</small>

Use "～がいます" when describing the members of your family. The number comes before "います".

Khi giải thích về gia đình mình thì dùng "～がいます" (có ～). Con số thì sẽ nói trước "います". Cũng có lúc không dùng con số.

对自己的家人作介绍时用「～がいます」。在「います」前面说人数。有时会省略人数。

両親：Use the term "両親" when talking about your "お父さんとお母さん" to other people. Use "父" for "お父さん" and "母" for "お母さん".

兄："兄" for "お兄さん". And "姉" for "お姉さん".

犬がいます：People sometimes include their pets when describing the members of their family.

兄が3人：When describing how many "兄" you have, the number should be between "が" and "います." You can also say "兄が2人、姉が1人います," "姉が2人、弟が1人います", etc.

も："<number>＋も" indicates that you think the number is a lot.

両親：Khi nói về "お父さんとお母さん" của mình với người khác thì sẽ nói "両親" (bố mẹ). "お父さん" thì nói là "父" và "お母さん" là "母".

兄："お兄さん" thì nói là "兄". "お姉さん" thì nói là "姉".

犬がいます：Khi nói về gia đình thì có khi cũng nói về cả thú cưng.

兄が3人：Khi diễn đạt có mấy người "兄" (anh) thì cho số người vào giữa "が" và "います". Cũng có thể nói "兄が2人、姉が1人います" (có 2 người anh, 1 người chị), "姉が2人、弟が1人います" (có 2 người chị, 1 người em trai).

も：Có thể diễn đạt cảm nghĩ con số đó là nhiều bằng "Số lượng＋も".

両親：和别人谈及自己的 "お父さんとお母さん" 时用「両親」。说 "お父さん" 时用「父」，说 "お母さん" 时用「母」。

兄：说 "お兄さん" 时用「兄」。说 "お姉さん" 时用「姉」。

犬がいます：介绍家人时，有时候会谈及宠物。

兄が3人：表示有几个 "哥哥" 时，在「が」和「います」当中加入人数。也可以以「兄が２人、姉が１人います」「姉が２人、弟が１人います」等形式表述。

も：用「人数＋も」表达你觉得人数多。

練習

解答例〔Example answer ／ Câu trả lời ví dụ ／ 答案示例〕

① 1) ・主人と娘が3人います。
　　　・妻と、娘2人と、息子が1人と、犬が2匹います。
　　　・両親と、犬1匹と、猫1匹がいます。
　　2) ・3人兄弟の末っ子です。
　　　・5人兄弟の真ん中です。上が姉2人、下は、弟一人、妹が一人います。

ご家族はどちらにいらっしゃるんですか。

_{か ぞく}

Use honorific language when talking to people you have just met, or people who are older than you. The respectful form of "います" is "いらっしゃいます", the polite version of "どこ" is "どちら", and the polite version of "家族" is "ご家族". Use "〜んですか" when asking a question in which you are interested in knowing more about the person you are talking to.

Khi nói chuyện với người gặp lần đầu hay người bề trên thì dùng kính ngữ. Kính ngữ của "います" là "いらっしゃいます". "どこ" nói một cách lịch sự là "どちら". "家族" sẽ là "ご家族". Khi muốn hỏi chuyện người mà mình có quan tâm thì dùng "〜んですか" để hỏi.

与初次见面的人或年长的人说话时用敬语。「います」的敬语是「いらっしゃいます」。「どこ」的礼貌说法是「どちら」。「家族」的礼貌说法是「ご家族」。如果对对方感兴趣，用「〜んですか」提问。

カルロスさん：Use your conversational partner's name, not "あなた", even when talking to them directly.

そうなんです：Used when responding to a question that ends in "〜んですか".

おいくつ："おいくつ" here means "何歳" (how old).

社会人：Someone who is working, who is not a student.
_{しゃかいじん}

カルロスさん：Cho dù là với đối phương đang nói chuyện thì cũng không dùng "あなた", mà gọi tên đối phương.

そうなんです：Dùng khi trả lời câu hỏi mà đã dùng "〜んですか".

おいくつ："おいくつ" ở đây có nghĩa là "何歳" (bao nhiêu tuổi).

社会人：Là nói đến người không còn là học sinh mà đang đi làm.
_{しゃかいじん}

カルロスさん：不要在对话时称呼对方为「あなた」，而是说对方的名字。

そうなんです：回答「〜んですか」句式的提问时使用。

おいくつ：「おいくつ」在这里表示"几岁"的意思。

社会人：不再是学生，而是已工作的人。
_{しゃかいじん}

練習

① 1）ご両親はどちらにいらっしゃるんですか。
_{りょうしん}

　2）どちらに住んでいらっしゃるんですか。／どちらにお住まいなんですか。
_す　　　　　　　　　　　　　　　　　　　　　　　_す

　3）ご両親はおいくつなんですか。
_{りょうしん}

Unit
1
自分のことを
話してみよう

Unit
2
自分から
話しかけてみよう

Unit
3
いろいろな機能の
表現を使ってみよう

Unit
4
教科書では
学ばない日本語

文法や言葉の力をつけよう

問題1　1）に　　2）が　　3）働いた　　4）読めます

　　　　5）食べられません　　6）住んでいます

コミュニケーション力をつけよう

問題1　①ア　　②キ　　③ウ　　④エ　　⑤イ　　⑥オ　　⑦カ

チャレンジ 1

Introduce yourself in each scenario. Choose from one of the following, write down the number of your chosen scenario, and:

Hãy tự giới thiệu bản thân theo tình huống. Chọn và viết số từ trong ①〜③ dưới đây

从以下 1〜3 中选择，写下编号，根据场景作自我介绍。

① Think of a setting that would be relevant to you, and write a self-introduction.

　 hãy chọn tình huống phù hợp với bản thân và viết tự giới thiệu bản thân.

　 选择适合自己的场景，写自我介绍。

② Practice reading your written self-introduction aloud.

　 hãy đọc để tập luyện câu tự giới thiệu bản thân đã viết.

　 阅读并练习所写的自我介绍的句子。

③ Recite it without looking at what you wrote. ／ Hãy thử nói mà không nhìn câu đã viết. ／ 不看写的句子说出来。

解答例【Example answer ／ Câu trả lời ví dụ ／ 答案示例】

① 会社

初めまして。グエン・ティ・フィーと申します。フィーと呼んでください。ベトナムから参りました。家族はベトナムに住んでいます。家族のためにもがんばります。これからお世話になります。よろしくお願いいたします。

② 日本語教室

初めまして。リュウ・エンと申します。エンちゃんと呼んでください。出身は中国です。株式会社西山で働いています。3年前に日本へ来ました。日本語は少しわかります。みなさんとたくさん勉強したいです。よろしくお願いします。

③ 保護者会

皆さん、初めまして。小池アンの父のマイクと申します。私は、15年前にアメリカから日本へ来ました。日本語はだいたいわかりますが、漢字はわからないことがあるかもしれません。娘ともども、よろしくお願いいたします。

★ Were you able to achieve your tasks? Place a check mark next to your achievements.
Bạn đã thử sức được chưa? Hãy tích vào những điều đã làm được.
挑战完成了吗。在完成的项目上画钩。

レベル	てきたこと	てきた！
①	Wrote a self-introduction that fit the setting. Đã viết được câu tự giới thiệu bản thân phù hợp với tình huống. 能写出适用于自己的自我介绍的句子了。	☐
②	Recited my self-introduction without looking at what I wrote. Đã có thể vừa nhìn câu tự giới thiệu bản thân vừa nói mà không bị ngập ngừng. 能看着自我介绍的句子流利地说出来了。	☐
③	Introduced myself to someone without looking at what I wrote. Đã có thể vừa nhìn mặt đối phương vừa nói mà không nhìn câu đã viết. 能不看写的句子，看着对方的脸说出来了。	☐

チャレンジ 2

Try sending your friend a package using a package delivery service.
Hãy dùng dịch vụ chuyển phát hàng và thử gửi đồ cho bạn bè.
用快递把货物寄给朋友。

① Go to the convenience store and get a shipping label.
Hãy đến cửa hàng tiện lợi và nhận phiếu chuyển phát hàng.
去便利店取快递单据。

② Fill in the shipping label for the package. ／ Hãy viết phiếu chuyển phát hàng. ／ 写快递单据。

③ Show the label you filled in to a Japanese person.
Hãy cho người Nhật xem giúp phiếu đã ghi.
把写好的单据拿给日本人看。

★ Were you able to achieve your tasks? Place a check mark next to your achievements.
Bạn đã thử sức được chưa? Hãy tích vào những điều đã làm được.
挑战完成了吗。在完成的项目上画钩。

チャレンジ	てきたこと	お願いした人	てきた！
①	Got a shipping label from a convenience store. Đã có thể lấy được phiếu ở cửa hàng tiện lợi. 能够在便利店里拿到单据了。	Convenience store employee Nhân viên cửa hàng tiện lợi 便利店店员	☐
②	Filled in the necessary information on the shipping label. Đã có thể viết được thông tin cần thiết vào phiếu. 能够在单据上填好所需内容了。		☐
③	Had a Japanese person check the shipping label. Đã có thể nhờ được người Nhật kiểm tra phiếu giúp. 能够让日本人检查单据了。	（　　　　　　　）さん	☐

Unit 1 自分のことを話してみよう

Unit 2 自分から話しかけてみよう

Unit 3 いろいろな機能の表現を使ってみよう

Unit 4 教科書では学ばない日本語

13

Lesson 10 いい天気ですね。

てん き

Have a short, simple conversation when greeting someone, and you will give off a good impression. The weather is an easy topic of conversation during greetings. Use "〜ね" when talking about something that you both know or are aware of. This allows you to express mutual understanding. When greeting people, it is important that you be the one who initiates the greeting.

Khi chào, nói một chuyện đơn giản ngắn gọn sẽ tạo thiện cảm. Câu chuyện về thời tiết sẽ dễ dùng khi chào. "〜ね" được dùng cho câu chuyện mà cả hai bên cùng biết. Nó có thể diễn đạt sự đồng cảm. Việc mình chủ động chào trước là rất quan trọng.

打招呼时宜说简短的话。天气话题易于在打招呼时使用。谈论互相都知道的话题时用「〜ね」。可以表达共鸣感。问候的关键在于主动发起。

あ：Indicates to the other person that you have noticed them. This makes the conversation sound much more natural.

ええ、ほんとに：A shortened way of saying "はい、本当にそうですね". "本当" is often shortened to "ほんと" in spoken Japanese.

あ、○○さん：It sounds natural if you say the person's name when you notice them. This is often used when starting conversations.

いや（ー）：Use to express surprise, emotion, etc. Here, it is being used to express "I truly believe this."

ねー："〜ね" is sometimes stretched out at the end so it becomes "〜ねー".

ちゃん：Added at the end of the person's name or nickname. Use when greeting someone or referring to someone you are close to.

そうだね：The casual style version of "そうですね". Use to express agreement.

※They are speaking in casual style because they are friends.

あ：Diễn đạt việc nhận ra đối phương. Nếu có từ này thì câu nói sẽ rất tự nhiên.

ええ、ほんとに：Là cách nói ngắn của "はい、本当にそうですね". Khi nói thì "本当" có khi rút ngắn thành "ほんと".

あ、○○さん：Khi nhận ra đối phương và gọi tên thì sẽ tự nhiên. Hay dùng khi bắt đầu nói chuyện.

いや（ー）：Dùng khi ngạc nhiên, xúc động. Ở đây diễn đạt cảm nghĩ "本当にそう思う" (thực sự nghĩ như vậy).

ねー："〜ね" cũng có khi được kéo dài thành "〜ねー".

ちゃん：Dùng đi kèm với tên hay nickname, để gọi người thân thiết.

そうだね：Là thể thông thường của "そうですね". Dùng khi có cùng suy nghĩ.

※Là bạn của nhau nên đang nói chuyện bằng thể thông thường.

あ：表示注意到了对方。加上这个的话会显得很自然。

ええ、ほんとに：「はい、本当にそうですね」的简短说法。说话时有时候会把「本当」缩短为「ほんと」。

あ、○○さん：注意到对方时，称呼对方的名字会显得自然。常在开始对话时使用。

いや（ー）：惊讶、感动时使用。这里表示"我的确这么认为"的心情。

ねー：「〜ね」可以延长为「〜ねー」。

ちゃん：加在名字或昵称后面，用于称呼关系亲近的人。

そうだね：「そうですね」的普通体。与对方想法一致时使用。

※因为是朋友，所以用普通体说话。

練習

解答例〔Example answer ／ Câu trả lời ví dụ ／ 答案示例〕

① 1）あ、おはようございます。今日はいい天気ですね。 　　2）あ、おはよう。今日も寒いね。
　　＊季節に合わせてあいさつができるように、準備しておくといいですね。

② 1）あ、Bさん、お疲れさまです。今日も蒸し暑いですね。 　　2）あ、Bちゃん、おはよう。今日も寒いね。
　　＊近所の人や、同じアパートの人などにもあいさつできるといいですね。

14

急に寒くなりましたね。
<small>きゅう　さむ</small>

The weather is an easy topic of conversation during greetings. You can talk about changes in the weather using "～（く・に）なる". Use "～ね" when talking about something that you both know or are aware of. This allows you to express mutual understanding. Give off a good impression by starting the conversation yourself.

Câu chuyện về thời tiết sẽ dễ dùng khi chào. Dùng "～（く・に）なる" để nói về sự thay đổi của thời tiết. "～ね" được dùng cho câu chuyện mà cả hai bên cùng biết. Nó có thể diễn đạt sự đồng cảm. Nếu tự mình chủ động bắt chuyện thì sẽ tạo thiện cảm hơn.

天气话题易于在打招呼时使用。用「～（く・に）なる」来谈论天气的变化。谈论互相都知道的话题时用「～ね」。可以表达共鸣感。主动与人搭话会给人留下好印象。

Point

どうも：Can be used as a greeting. You can use it in the following ways: A: "こんにちは" B: "どうも" / A: "あ、どうも" B: "おはようございます".

※Note that these short conversations that occur during greetings can be about things other than the weather. You can talk about your family, your city, etc.

どうも：Có thể dùng cho khi chào. Có thể dùng như sau: A: "こんにちは", B: "どうも" / A: "あ、どうも", B: "おはようございます".

※Câu chuyện ngắn để nói khi chào không chỉ có thời tiết. Có thể nói cả về gia đình hay khu phố v.v.

どうも：可用于打招呼。可以像A「こんにちは」B「どうも」／A「あ、どうも」B「おはようございます」这样使用。

※打招呼时的简短会话不局限于天气。也可谈论家人或街道里的事情。

練習

解答例〔Example answer ／ Câu trả lời ví dụ ／ 答案示例〕
<small>かいとうれい</small>

① 1）急に寒くなりましたね。

2）お子さん、大きくなりましたね。

② 1）あ、おはようございます。ほんとに暑くなりましたね。
　＊笑顔で答えましょう。

2）あ、こんばんは。ほんとに短くなりましたね。

③ 1）あ、こんにちは。最近、寒くなりましたね。
　＊笑顔で声をかけましょう。

2）あ、おはよう。このごろ、急に蒸し暑くなったね。

Unit
1
自分のことを話してみよう

Unit
2
自分から話しかけてみよう

Unit
3
いろいろな機能の表現を使ってみよう

Unit
4
教科書では学ばない日本語

休みの日って、何してるんですか。

"って" is sometimes used instead of "は" in phrases like "休みの日は" in spoken Japanese. This is a natural way to bring up a topic. Use "〜んですか" when asking a question in which you are interested in knowing more about the person you are talking to.

Khi nói, từ "は" trong "休みの日は" có khi chuyển thành "って". Đây là cách nói tự nhiên khi đưa ra đề tài nói chuyện. Khi muốn hỏi chuyện người mà mình có quan tâm thì dùng "〜んですか" để hỏi.

口语中,「休みの日は」的「は」有时会变成「って」。是抛出话题时较自然的表达方式。如果对对方感兴趣, 用「〜んですか」提问。

してる："している" is sometimes shortened to "してる" in spoken Japanese.

かな：Use when asking yourself a question, when you do not have confidence in your response, when you do not want to clearly state something, etc.

えー：Use when you find something someone is saying interesting, surprising, impressive, etc. "えー" or "わー" is used when you are especially surprised. Be careful, however, as "えー" pronounced with the intonation, "えー（↗）," can convey frustration or dissatisfaction.

してる："している" trong văn nói có khi nói ngắn thành "してる".

かな：Dùng khi không muốn nói rõ ràng, khi tự hỏi bản thân mình hay khi thiếu tự tin trong câu trả lời.

えー：Dùng khi mà sau khi nghe chuyện và cảm thấy thú vị, hay ngạc nhiên, hay có quan tâm. Khi độ ngạc nhiên lớn thì dùng "えー" hay "わー". "えー" cũng có khi dùng diễn đạt sự bất mãn nếu nói như "えー（↗）", nên cần phải cẩn thận.

してる：口语中「している」有时简化为「してる」。

かな：对自己提问时、对回应没有信心时、不想直白表述等情况下使用。

えー：听对方说话觉得有趣、惊讶、钦佩时使用。感到特别惊讶时用「えー」或「わー」。说「えー」时音调如果变成「えー（↗）」, 通常用于表达不满, 使用时须注意。

練習

解答例〔 Example answer ／ Câu trả lời ví dụ ／ 答案示例 〕

① A：○○さん、休みの日 って、何してるんですか。

　　A：へえ、そうなんですか。

② B：うーん、そうですね。友達に会ったり、買い物したりしています。

13 そのTシャツ、どこで買ったんですか。

You may notice something about someone's belongings, and talk to them about it. This is a good way to start a conversation. "～んてすか" is used to express to the person you are talking to that you want to know more about them.

Để ý đến đồ vật của đối phương và nói chuyện về đồ vật đó. Sẽ là cớ để nói chuyện với nhau. Câu hỏi "～んてすか" diễn đạt cảm giác "muốn biết" về đối phương.

注意到对方的物品并就此发起会话。这将成为谈话的机会。「～んですか」句式的提问表示「想了解」对方的心情。

Point

どこで買ったんですか: Asking questions - not just making comments - will do an even better job of conveying to the person that you want to know more about them.

へー: Interjection used to show that you are listening. Used very commonly, but should not be used when talking to people who are considered above you socially.

どこで買ったんですか: Thay vì chỉ bình luận việc đặt câu hỏi có thể diễn đạt được cảm giác "muốn biết về đối phương".

へー: Diễn đạt phản ứng. Là diễn đạt thường hay dùng, nhưng không nên dùng với người bề trên.

どこで買ったんですか: 除了评论外，提问的话可以表达"想了解对方"的心情。

へー: 表示附和。是一种常用的表达方式，但不宜对长辈、上司使用。

練習

① 1）それ、どうしたんですか。　　2）そのシャツ、どこで買ったんですか。　　3）そのアニメ、好きなんですか。

解答例〔Example answer ／ Câu trả lời ví dụ ／ 答案示例〕

② おいしそうですね。それ、自分で作ったんですか。 ＊感想も言えるようにしましょう。

③ あ、かわいいですね。それ、どこで買ったんですか。

Lesson 14 やってみたいです。

Use "〜てみる" when talking about trying something new, that you have never done before. "〜てみたい" is a convenient phrase to use when commenting on something.

Dùng "〜てみる" khi làm việc mới mà từ trước tới nay chưa từng làm. "〜てみたい" là diễn đạt tiện lợi khi bình luận.

第一次做某件事时用「〜てみる」。「〜てみたい」是在表述评论时很方便的表达方式。

Point

よ：Use to convey something that the person you are talking to does not know about. Use carefully when speaking to a social superior, as it indicates you are telling them something they do not know. Use "〜んてすよ" to express your desire to tell the other person what you are saying.

わー：Use when you find something someone is saying interesting, surprising, impressive, etc. Use "えー" or "わー" when you are especially surprised.

よ：Dùng khi truyền đạt việc mà đối phương không biết. Nó mang nghĩa chỉ cho đối phương biết nên khi dùng với người bề trên thì cần phải cẩn thận. "〜んてすよ" diễn đạt cảm giác muốn truyền đạt đến đối phương.

わー：Dùng khi mà sau khi nghe chuyện và cảm thấy thú vị, hay ngạc nhiên, hay có quan tâm. Khi độ ngạc nhiên lớn thì dùng "わー" hay "えー".

よ：告知对方不知道的事物时使用。含有教授给对方的意思，对长辈、上司使用时须注意。「〜んですよ」表示想告知对方的心情。

わー：听对方说话觉得有趣、惊讶、钦佩时使用。感到特别惊讶时用「わー」或「えー」。

練習

解答例 【Example answer ／ Câu trả lời ví dụ ／ 答案示例】

① 1）お刺身を食べてみたいです。　　　　2）ディズニーランドに行ってみたいです。
　 3）日本の花火を見てみたいです。　　　　4）スキーをしてみたいです。
　＊その他の動詞を使って、たくさん考えてみましょう。

15 それは大変でしたね。

Use to comment on a story someone is telling you. Making such comments will help convey that you are listening closely to what they are saying. The "ね" indicates to the other person that you empathize with them.

Dùng khi hỏi chuyện đối phương và nói lên cảm tưởng của mình. Khi nói lên cảm tưởng thì thể hiện được việc mình đang lắng nghe chuyện của đối phương. Bằng việc dùng "ね" thì có thể thể hiện được việc có cùng cảm nhận..

听对方说话后表达感想时使用。表达感想可用于表示自己在很注意听对方说话。用「ね」可以表示与对方想法一致。

大変でしたね：Use "でした／ました＋ね" when commenting on someone's experience that has already ended.

すごいね：Use "です／ます＋ね" even if the experience in question has already ended, if the experience is still relevant now.

*They are speaking in casual style, despite being coworkers, because they are close.

大変でしたね：Khi nghe kinh nghiệm (chuyện đã qua) của đối phương thì dùng "でした／ました＋ね".

すごいね：Cho dù là kinh nghiệm (chuyện đã qua) của đối phương mà nó có liên quan đến hiện tại thì dùng "です／ます＋ね".

*Mặc dù là đồng nghiệp ở công ty nhưng quan hệ gần gũi nên nói chuyện dùng thể thông thường.

大変でしたね：听到对方的经历（已结束的事物）时，用「でした／ました＋ね」。

すごいね：如果对方的经历（已结束的事物）与现在相关联，用「です／ます＋ね」。

※ 虽是公司同事，但因关系亲近，用普通体说话。

練習

解答例〔Example answer ／ Câu trả lời ví dụ ／ 答案示例〕

① 1）え！ それは大変でしたね。お子さんは大丈夫ですか。　2）わー。それは楽しみですね。

3）あー。それは残念でしたね。　4）えー。それは困りますね。大家さんには連絡しましたか。

5）おー！それはすごいですね。おめでとうございます。　6）え？ それは大変でしたね。警察に連絡しましたか。

Lesson 16 私もです。

"〜も" conveys the meaning, "same". Telling someone that you're the same as them will help close the distance between you and the other person.

"〜も" diễn đạt ý "giống nhau". Nếu truyền đạt việc giống nhau thì sẽ có thể rút ngắn khoảng cách với đối phương.

「〜も」表示"一样"。通过告知自己和对方一样，可拉近与对方的距离。

Point

そうてすね…："そうてすね" can be used not only when you agree with/feel the same way as the other person, but also when you are thinking of a response.

Jリーグてすか：After saying "私もてす", it is good to follow-up with a question. Asking them a lot of questions will help close the distance between you and the other person.

え：Used to express surprise. Be careful with the intonation, as when pronounced "え（↑）？" it can sound like you are asking them to repeat themselves.

私もバスてす：You can also add words/phrases after "も", as in "私も〜てす" or "私も〜ました" and make it a longer sentence.

うち：People refer to their own family as "うち" or "うちの○○（子、妻、夫 etc.）".

そうてすね…："そうてすね" không chỉ dùng khi nói về cùng cảm nghĩ với đối phương mà còn dùng khi mình đang suy nghĩ.

Jリーグてすか：Sau khi nói "私もてす" thì nên hỏi về đối phương. Thông qua việc hỏi nhiều thứ thì sẽ có thể rút ngắn khoảng cách với đối phương.

え：Dùng khi ngạc nhiên. Khi hỏi lại thì cũng có dùng "え（↑）?" nên cần phải cẩn thận ngữ điệu khi nói.

私もバスてす：Có thể dùng trong câu văn dài bằng cách cho thêm từ vào sau "も" ví dụ như "私も〜てす", "私も〜ました".

うち：Khi nói về gia đình của mình thì dùng "うち" hay "うちの○○（子、妻、夫v.v.）".

そうてすね…：「そうですね」不局限于表达和对方想法一致，在思考时也可使用。

Jリーグてすか：「私もです」之后宜向对方提问。通过提出各种各样的问题，进一步拉近与对方的距离。

え：惊讶时使用。由于另有反问时使用的「え（↑）？」，因此须注意语调。

私もバスてす：诸如「私も〜です」「私も〜ました」，可以在「も」后接续词语造长句。

うち：提到自己的家人时，用「うち」或「うちの○○（子、妻、夫等）」。

練習

解答例〔Example answer／Câu trả lời ví dụ／答案示例〕

① 1) あ、私もです。つらいですよね。　　2) 私もです。どんなアニメが好きですか。　　3) うちもです。親って心配しますよね。

　　＊自分はそうではない場合はどう答えますか？　考えてみましょう。

Lesson **17** 初めて日本語で電話したんですけど、緊張しました。

When commenting on a given past experience, you use the "た" form as in, "(Your experience)~たんですけど、(your comment)た". You can use "~が"the same way as "~けど". This is called the "た-form." "~けど" and "~が" are used in the same way.

Khi nói cảm tưởng về kinh nghiệm trong quá khứ thì dùng "thể た" ví dụ như "(kinh nghiệm) ~たんですけど、(cảm tưởng) ~た". "~けど" có cách dùng giống với "~が".

就过去经历发表感想时，像「(经历) ~たんですけど、(感想) ~た」这样用「た形」。「~けど」和「~が」用法相同。

Point

たしかに：Use to convey, "I really agree with you," in response to something someone has said.
話すの：This means the same thing as "talking."
よね：Use "~よね" when you want the other person to check/confirm something you are thinking.
すっごく：Use "すっごく" instead of "すごく" to emphasize the feeling behind your words."すごい" can be used here as well.

たしかに：Diễn đạt nghĩa "thực sự nghĩ vậy" về việc mà đối phương đã nói.
話すの：Nghĩa là "話すこと" (việc nói chuyện).
よね："~よね" dùng khi xác nhận với đối phương về việc mình đang nghĩ.
すっごく：Khi nói "すごく" thành "すっごく" thì có thể truyền đạt được việc nhấn mạnh cảm giác. Cũng có khi nói "すごい".

たしかに：对于对方所说的内容表示"我的确这么认为"的意思。
話すの："说话这件事情"的意思。
よね：与对方确认自己的想法时用「~よね」。
すっごく：把「すごく」说成「すっごく」可表达强烈的感情。有时候也会说「すごい」。

練習

解答例 〔Example answer ／ Câu trả lời ví dụ ／ 答案示例〕

① 1）初めて日本で車を運転したんですけど、すごく緊張しました。
　 2）先週、富士山に行ったんですけど、すごくきれいでした。

② 1）この間、初めてサッカーを見に行ったんですけど、すごく面白かったです。
　 2）先週、初めて日本の小学校に行ったんですが、びっくりしました。

文法や言葉の力をつけよう

問題1 　1）便利に　　2）春に　　3）蒸し暑く

問題2 　1）一度見てみたいです。

　　　　2）今度試してみたいです。

　　　　3）ぜひ行ってみたいです。

問題3 　**解答例**〔Example answer ／ Câu trả lời ví dụ ／ 答案示例〕

　　　　1）山田さんって、映画が好きなんですか。

　　　　2）そのお弁当って、自分で作ったんですか。

　　　　3）マリさんって、フィリピンの出身なんですか。

　　　　4）キムさんって、お子さんがいらっしゃるんですか。

　　　　5）それって、どうしたんですか。

コミュニケーション力をつけよう

問題1 　**解答例**〔Example answer ／ Câu trả lời ví dụ ／ 答案示例〕

　　　　① ・あ、Bさん、おはようございます。

　　　　　　・今日もいい天気ですねえ。

　　　　　　・はい、寒くなりましたねえ。

　　　　　　・行ってきます。

　　　　② ・Bさんは、休みの日って、何してるんですか。

　　　　　　・私もです。

　　　　　　・いいですね。どんな映画が好きなんですか。／どんな映画を見るんですか。

読んでみよう

質問1 　田中さんです。

質問2 　うちでテレビを見たり、ごろごろしたりします。たまにサッカーを見に行きます。

質問3 　はい、知っています。

質問4 　広場でサッカーの試合を見て、みんなで応援します。

質問5 　はい、行きたいと思っています。

Try talking to someone close to you.
Hãy thử nói chuyện với người gần gũi mình.
请尝试与身边的人交谈。

① Initiate the greeting, and talk to them about the weather.
Hãy thử tự mình chủ động chào và nói chuyện về thời tiết.
请尝试主动问候并谈论天气。

② Start a conversation, and ask them what they do on their days off.
Hãy thử tự mình chủ động bắt chuyện và hỏi xem ngày nghỉ thường làm gì.
请尝试主动与人搭话，询问对方在休息时会做什么。

③ Start a conversation, and ask them what they do on their days off. Listen to what they are saying, and make interjections to show you are listening. If you get the opportunity, talk to them about a recent experience you have had.
Hãy thử tự mình chủ động bắt chuyện và hỏi xem ngày nghỉ thường làm gì. Hãy vừa nghe chuyện vừa gật gù phản ứng. Nếu có cơ hội, hãy nói về kinh nghiệm gần đây của bạn.
请尝试主动与人搭话，询问对方在休息时会做什么。请边听边附和。有机会的话请尝试谈论你最近的经历。

★ Were you able to achieve your tasks? Place a check mark next to your achievements.
Bạn đã thử sức được chưa? Hãy tích vào những điều đã làm được.
挑战完成了吗。在完成的项目上画钩。

レベル	てきたこと	てきた！
①	Initiated a greeting and talked about the weather. Đã có thể tự mình chủ động chào và nói chuyện về thời tiết. 能够主动问候并谈论天气话题了。	☐
②	Started a conversation with someone and asked them about their days off. Đã có thể tự mình chủ động bắt chuyện và hỏi về ngày nghỉ. 能够主动与人搭话，并询问对方在休息日会做什么了。	☐
③	Asked them about their days off, and was able to keep up the conversation, making interjections, talking about myself, etc. Đã có thể nói chuyện dài hơn bằng cách hỏi về ngày nghỉ, gật gù phản ứng, nói về chuyện của mình. 能够询问对方休息日会做什么、进行附和或讲述自己的事情等，说出较长的句子了。	☐

しもつ…、何_{なん}ですか。

By repeating the part of the word you were able to make out, you can indicate to the person that you do not know what that word means. Use a rising inflection at the end of the word, as in "しもつ (↑) …" to ask the other person what the word means. You can also say the word without the rising inflection at the end, as in "しもつ (→) …" to indicate to the other person that you want to know the rest of the word.

Nếu như lặp lại chỗ mà mình nghe được, thì có thể truyền đạt được việc mình không hiểu từ ngữ đó. Nói với cách nâng cao giọng ở cuối từ ngữ mà mình lặp lại như "しもつ (↑) …" để hỏi đối phương. Cho dù không nâng cao giọng ở cuối như "しもつ (→) …" thì tiếp đó cũng có thể truyền đạt được điều mình muốn biết.

单纯重复听懂的部分, 以此来表达自己并未理解对方说的话。像「しもつ(↑)…」这样提升重复部分的结尾语调, 向对方提问。像「しもつ(→)…」这样, 不提升语调也能向对方表达想继续了解下文。

えーっと : Use "えーっと", "えっと", "えー" when thinking about what to say.

えーっと : Khi đang suy nghĩ thì dùng "えーっと", "えっと", "えー".

えーっと : 思考时用「えーっと」「えっと」或「えー」。

練習

解答例_{かいとうれい}【 Example answer ／ Câu trả lời ví dụ ／ 答案示例 】

① 1）コンビニエンスストア ➡ コンビニ　　2）エアーコンディショナー ➡ エアコン

　 3）リモートコントローラー ➡ リモコン　　4）ファミリーレストラン ➡ ファミレス

　 5）入国管理局_{にゅうこくかん り きょく} ➡ 入管_{にゅうかん}　　6）国民健康保険_{こくみんけんこう ほ けん} ➡ 国保_{こく ほ}

明日、お休みでしたっけ？

Add "〜っけ?" at the end of the sentence when you want to check whether your understanding/memory of something is correct. The portion of the sentence before "〜っけ" can be in either polite or normal form.

Khi xác nhận việc mình hiểu hay mình nhớ thì dùng "〜っけ?" ở cuối câu để hỏi. Trước "〜っけ" thì có thể dùng cả thể lịch sự và cả thể thông thường.

对自己的理解和记忆进行确认时，在句末加上「〜っけ?」提问。「〜っけ」前可用恭敬形也可用普通形。

Point

明日、お休みでしたっけ？：Use "〜た" when you are talking about something that you have recalled/remembered, even if the thing you are talking about is in the future, as in tommorrow. You can also ask, "お休みですっけ?".

ごめん：The shortened version of "ごめんなさい". Use with friends and people you are close to.

※They are speaking in casual style because they are friends.

明日、お休みでしたっけ？：Cho dù là chuyện của tương lai như "ngày mai" nhưng khi vừa nhớ ra vừa nói thì cũng dùng "〜た". Cũng có thể hỏi là "お休みですっけ?".

ごめん：Là dạng ngắn của "ごめんなさい". Dùng khi là bạn bè của nhau hay mối quan hệ thân thiết.

※Là bạn của nhau nên đang nói chuyện bằng thể thông thường.

明日、お休みてしたっけ？：即使是「明天」等未来的事情，在边回忆边说话时用「〜た」。也可用「お休みですっけ?」提问。

ごめん：「ごめんなさい」的简短说法。对朋友或关系亲密的人使用。

※因为是朋友，所以用普通体说话。

練習

① 1) 明日の集合は10時でしたっけ？　　　2) 参加費は3000円でしたっけ？

解答例〔Example answer ／ Câu trả lời ví dụ ／ 答案示例〕

② 1) 明日の会議、9時からでしたっけ？／何時からでしたっけ？
　　2) 来週の待ち合わせ、どこでしたっけ？

荷物を出しに行きました。

Used to say "～をするために行きます".

Dùng khi nói rằng "～をするために行きます".

说「～をするために行きます」时使用。

Point

あの（一）：Use to start conversations.

あ："あ" indicates to the other person that you have noticed something. Use when you are starting to say something, or when you are responding to a question that someone has asked you.

に：Use "に" when referring to a place where you/someone else is going. "へ" can also be used for this purpose.

了解です："了解です" is sometimes used to mean, "I see." It should not be used when talking to people who are in social superiors.

どっか："どこか" is often expressed as "どっか" in spoken Japanese.

行くの？：The casual style version of "行くんですか".

そうなんだ：The casual style version of "そうなんですか".

あの（一）：Dùng khi bắt chuyện.

あ："あ" là diễn đạt việc nhận ra. Dùng khi bắt đầu nói chuyện hay trả lời câu hỏi.

了解です：Có khi dùng "了解です" với nghĩa là "tôi hiểu rồi". Không nên dùng với người bề trên.

どっか：Khi nói "どこか" thì có khi rút ngắn thành "どっか".

行くの？：Là thể thông thường của "行くんですか".

そうなんだ：Là thể thông thường của "そうなんですか".

あの（一）：搭话时使用。

あ：「あ」表示注意到了。在开始说话或回答问题时使用。

に：要去的地方用「に」。也可用「へ」。

了解です：在表示"明白了"的意思时，有时用「了解です」。不宜对长辈、上司使用。

どっか：说话时有时会把「どこか」说成「どっか」。

行くの？：「行くんですか」的普通体。

そうなんだ：「そうなんですか」的普通体。

練習

① 1) 来週、国の料理を食べに行きます。　　2) 昨日、書類を出しに行きました。　　3) 先週の土曜日、友達と遊びに行きました。

解答例〔Example answer ／ Câu trả lời ví dụ ／ 答案示例〕

② 先週、友達と築地に食事に行きました。

ちょっとお昼、買ってきます。

- -

Use "〜てきます" when you are leaving to do something, but plan to return.

Dùng "〜てきます" khi rời khỏi một nơi, làm gì đó và lại quay lại đó.

要离开目前所在地，做什么事后返回时，用「〜てきます」。

- -

お昼："お昼" means "昼ごはん".

買ってきます：It is good to use "〜てきます" when leaving to do something, to let the people around you know that you are doing so.

取ってきました：Here, "〜てきました" is being used to report on something the subordinate has done. Letting other people know when you are leaving and when you have returned is a good habit to get into, particularly in the workplace.

お昼："お昼" nghĩa là "昼ごはん" (cơm trưa, đồ ăn trưa).

買ってきます：Khi rời khỏi nơi mình đang ở đó để làm gì đó, thì nên nói với những người xung quanh bằng cách dùng "〜てきます".

取ってきました：Dùng "〜てきました" để báo cáo việc mình đã làm. Đặc biệt là ở nơi làm việc, khi rời khỏi nơi mà mình đang ở đó hay khi đã quay lại thì nên truyền đạt cho người xung quanh.

お昼：「お昼」是指 "昼ごはん"。

買ってきます：要离开目前所在地去做什么事时，可以用「〜てきます」告知周围的人。

取ってきました：用「〜てきました」报告自己已做完的事。尤其在职场，可以在要离开目前所在地时和返回时告知周围的人。

練習

① 1）印鑑（を）取ってきます。　　2）食事（に）行ってきます。　　3）荷物（を）取りに行ってきます。

解答例【Example answer ／ Câu trả lời ví dụ ／ 答案示例】

② 今から、お昼を買ってきます。／飲み物買ってきます。／お金を払ってきます。

Lesson

22 よろしくって言ってました。

Use "〜と言って（い）ました" to convey something that someone else has told you. "〜って" is sometimes used instead of "〜と" in spoken Japanese. "言っていました" is also sometimes shortened to "言ってました".

Dùng "〜と言って（い）ました" để truyền đạt việc nghe từ người khác. "〜と" trong văn nói có khi nói thành "〜って". "言っていました" cũng có khi nói ngắn thành "言ってました".

用「〜と言って（い）ました」传达从别人处听到的话。口语中「〜と」有时说成「〜って」。「言っていました」有时说成「言ってました」。

Point

そういえば：Use when beginning to talk about something you have just recalled/remembered.

アンさんなんてすけど：Use "<noun> + なんてすけど" to indicate what you will be talking about. "<noun>+なんてすが" can also be used here.

そうてすか：Interjection used to show that you are listening. Use when you want to express to the other person that you understand what they said.

とのことでした："<sentence>+とのことです／てした" means the same thing as "〜と（って）言っていました".

そういえば：Dùng khi bắt đầu nói chuyện mà mình vừa nhớ ra.

アンさんなんてすけど：Dùng "danh từ + なんてすけど" để diễn đạt chủ đề mà từ giờ mình sẽ nói. "danh từ+なんてすが" cũng tương tự.

そうてすか：Diễn đạt phản ứng. Dùng để thể hiện việc mình đã hiểu điều mà đối phương đã nói.

とのことでした："câu+とのことです／てした" tương tự với "〜と（って）言っていました".

そういえば：开始讲述回忆起来的事时使用。

アンさんなんてすけど：用「名词+なんてすけど」表述接下来要说的话题。「名词+なんてすが」也一样。

そうてすか：表示附和。表示理解对方所说的话时使用。

とのことでした：「语句+とのことです／でした」与「〜と（って）言っていました」相同。

練習

解答例【 Example answer ／ Câu trả lời ví dụ ／ 答案示例 】

①　1）マイさんなんてすけど、今日は休むって言ってました。

　　2）マイさんなんてすけど、飲み会には行けないって言ってました。

　　3）マイさんが、あとで電話するって言ってました。

28

ちょっと見てもらえませんか。

"〜てもらえませんか" is a polite way to request something. It is used when you want someone to do something for you.

"〜てもらえませんか" là diễn đạt nhờ vả một cách lịch sự. Dùng khi muốn đối phương làm gì đó cho mình.

「〜てもらえませんか」是礼貌请求的表达方式。想让对方做什么事的时候使用。

Point

〜んてすけど：Preface the request with "〜んてすけど" before moving into the request itself.

手伝ってもらえる？："手伝って" is a direct way to request help, and sounds somewhat like an order. By converting it into question form, as in "手伝ってもらえる？" you can express your consideration for the other person. This helps to soften the expression so it seems less direct.

〜んてすけど：Dùng "〜んてすけど" để nói dạo đầu trước, và sau đó diễn đạt việc nhờ vả.

手伝ってもらえる？："手伝って" là cách nói trực tiếp nên gần như là mệnh lệnh. "手伝ってもらえる？" là dạng câu hỏi và diễn đạt sự cân nhắc dành cho đối phương. Nhờ đó mà có thể làm giảm bớt cách nói trực tiếp.

〜んてすけど：用「〜んですけど」作为引言后，使用请求的表达方式。

手伝ってもらえる？：「手伝って」是很直接的说法，近似于命令。「手伝ってもらえる？」是用提问的形式表达对对方心情的顾虑。因此能弱化直白的语气。

練習

① 1）教えてもらえませんか。　　2）書いてもらえませんか。

② すみません、日本語でメールを書いた（んですけど、）見てもらえませんか。

③ すみません、日本語の会話練習がしたい（んですけど、）練習の相手をしてもらえませんか。

Unit
1
自分のことを話してみよう

Unit
2
自分から話しかけてみよう

Unit
3
いろいろな機能の表現を使ってみよう

Unit
4
教科書では学ばない日本語

これ、使ってもいいですか。

Use "〜てもいいてすか" to request permission to do something.

"〜てもいいてすか" dùng để xin sự cho phép.

用「〜てもいいですか」请求允许。

 Point

どうぞ：Use "〜てもいいてすか" to request permission to do something. There are many ways to respond to "〜てもいいてすか". In addition to "どうぞ", people say "いいてすよ", "大丈夫てす" to name just a couple. If you do not want to/are unable to grant permission, you can say, "それはちょっと". To be polite, you can use "〜んてす" to add a reason why you cannot grant permission.

ねえねえ：You can use "ねえねえ" to start conversations with people you are close to. "ねえ," "あのね," "あのさー," to name a few, can also be used for the same purpose.

借りていい："も" is sometimes omitted.

※They are speaking in casual style because they are family.

どうぞ：Có nhiều cách nói để trả lời cho "〜てもいいてすか". Ngoài "どうぞ" thì cũng có thể dùng "いいてすよ", "大丈夫てす" v.v. Nếu như không thể cho phép thì có thể dùng "それはちょっと..." để trả lời. Nếu dùng "〜んてす" để nói tiếp lý do thì sẽ lịch sự.

ねえねえ：Khi mối quan hệ thân thiết thì dùng "ねえねえ" để bắt chuyện. Cũng có thể dùng "ねえ" hay "あのね", "あのさー" v.v.

借りていい：Cũng có lúc lược bỏ "も".

※Là người trong nhà nên đang nói chuyện bằng thể thông thường.

どうぞ：用「〜てもいいですか」请求允许。回答「〜てもいいですか」的说法有多种多样。除了「どうぞ」外，还有「いいですよ」「大丈夫です」等。不能允许时可回答「それはちょっと…」。用「〜んです」接着陈述理由显得更礼貌。

ねえねえ：关系亲密时用「ねえねえ」搭话。也可用「ねえ」「あのね」「あのさー」等。

借りていい：有时会省略「も」。

※因为是家人，所以用普通体说话。

練 習

解答例〔Example answer ／ Câu trả lời ví dụ ／ 答案示例〕

① 1）見てもいいてすか。　　2）借りてもいいてすか。　　3）もらってもいいてすか。

② 1）すみません、このパンフレット、見てもいいてすか。

　　2）すみません、このパンフレット、もらってもいいてすか。

その日は仕事があって…。

Unit
1
自分のことを話してみよう

Unit
2
自分から話しかけてみよう

Unit
3
いろいろな機能の表現を使ってみよう

Unit
4
教科書では学ばない日本語

You should try to give a reason when declining someone's offer, or making a difficult request. When doing so, people often use "〜て", which is used to indicate the reasoning behind something. By using "〜て…。" you can avoid direct statements such as "行けません" or "できません".

Nên nói lý do khi từ chối hoặc nhờ vả điều khó nhờ vả. Khi đó thường dùng "〜て" để diễn đạt lý do. Bằng cách dùng "〜て…。" để có thể tránh việc nói trực tiếp "行けません", "できません" v.v.

拒绝时或提出有难度的请求时宜说明理由。这种情况下常用「〜て」表述理由。用「〜て…。」可避免直接说"不能去""不行"等。

Point

すみません：Use words such as "すみません", "あー、ちょっと…" to decline an offer, or otherwise express that you feel bad about declining.

そっか：The casual style version of "そうですか".

※They are speaking in casual style because they are friends.

すみません：Để diễn đạt việc khó nói như từ chối v.v. thì dùng những từ ngữ như "すみません" hay "あー、ちょっと…" v.v.

そっか：Là thể thông thường của "そうですか".

* Là bạn của nhau nên đang nói chuyện bằng thể thông thường.

すみません：用「すみません」或「あー、ちょっと…」等语句表达拒绝等难以说出口的事。

そっか：「そうですか」的普通体。

※因为是朋友，所以用普通体说话。

練習

① 1）先に約束があって…。　　2）その時期は忙しくて…。

解答例【Example answer ／ Câu trả lời ví dụ ／ 答案示例】

② 1）すみません、明日の朝、早くて…。　　2）ごめん、もう約束が入っていて…。

休^{やす}ませていただけませんか。

This is a polite expression you can use when you have to make a difficult request. It expresses your own action in the form of a causative verb. It means the same thing as "〜てもいいですか", but is a more polite expression.

Là cách nói lịch sự khi nhờ vả điều khó nhờ vả. Diễn đạt hành động của mình bằng thể sai khiến của động từ. Có nghĩa tương tự với "〜てもいいですか" nhưng lịch sự hơn.

提出有难度的请求时的礼貌说法。用动词的使役态表达自己的行为。和「〜てもいいですか」意思一样，但更礼貌。

Point ※Pause to wait for the other person to react before moving forward to give off a better impression. It is best not to say the whole thing at once in a one-sided manner, as in "あの、すみません、アリフですが昨日から熱が出て、今も38度もあるので、今日は休ませていただけませんか".

あの、すみません："あの、すみません" is a polite way to begin a conversation.

すみません：Once you get permission, it is more polite to say "すみません" before "ありがとう".

※Nếu vừa nói vừa đợi phản ứng của đối phương thì sẽ có thiện cảm hơn. Không nên một mình nói một mạch đến cuối cùng như "あの、すみません、アリフですが昨日から熱が出て、今も38度もあるので、今日は休ませていただけませんか".

あの、すみません：Dùng "あの、すみません" để bắt đầu câu chuyện một cách lịch sự.

すみません：Khi được cho phép thì nói "すみません" trước khi nói "ありがとう" thì sẽ lịch sự hơn.

※在等待对方反应的同时推进话题比较好。最好不要像「あの、すみません、アリフですが昨日から熱が出て、今も38度もあるので、今日は休ませていただけませんか」这样一口气独自说完。

あの、すみません：礼貌地开始说话用「あの、すみません」。

すみません：获得允许时，在「ありがとう」前面加「すみません」显得更礼貌。

練習

① 1）早^{はや}めに帰^{かえ}らせていただけませんか。　　2）その電話^{でんわ}を使^{つか}わせていただけませんか。

解答例^{かいとうれい}〔Example answer ／ Câu trả lời ví dụ ／ 答案示例〕

② A：あのー、すみません。

A：ちょっと体調^{たいちょう}が悪^{わる}くて…。

A：はい。すみませんが、早退^{そうたい}させていただけませんか。

A：すみません。ありがとうございます。

Unit
1
自分のことを
話してみよう

Unit
2
自分から
話しかけてみよう

Unit
3
いろいろな機能の
表現を使ってみよう

Unit
4
教科書では
学ばない日本語

文法や言葉の力をつけよう

問題 **1** **解答例** 〔 Example answer ／ Câu trả lời ví dụ ／ 答案示例 〕

１）ここに漢字を書いてもらえない？ ／ ここに漢字を書いていただけませんか。

２）ちょっと手伝ってもらえない？ ／ ちょっと手伝ってもらえませんか。

２）あのかばん、取ってもらえませんか。 ／ あのかばん、取っていただけませんか。

問題 **2** １）A　　２）A　　３）B　　４）A

問題 **3** １）かりても　　２）見て　　３）取っても

コミュニケーション力をつけよう

問題 **1** **解答例** 〔 Example answer ／ Câu trả lời ví dụ ／ 答案示例 〕

１）・再来月、妹の結婚式があって…。

　　・3日間休ませていただけませんか。

２）・あの、すみません。

　　・保育園から電話がかかってきて…。

　　・子供が熱を出したので、迎えに行かなければならないんです。

　　・すみませんが、早退させていただけませんか。

読んでみよう

質問 **1** 子供の夏祭りのボランティアをします。

質問 **2** 16日13時から浜松校であります。

Try talking to someone close to you.

Hãy thử nói chuyện với người gần gũi mình.

请尝试和身边的人对话。

① Confirm the date of a national holiday with someone close to you or a person from your workplace.

Hãy thử xác nhận ngày nào là ngày lễ với người gần gũi hay người ở chỗ làm nhé.

请和身边的人或同事确认节日的日期。

② Complete a practice problem in this textbook, and have someone close to you or a person from your workplace look over it.

Hãy làm bài tập ở sách này và nhờ người gần gũi hay người ở chỗ làm xem giúp nhé.

请做这本书上的题目，让身边的人或同事检查。

③ Role-play the following scenarios with someone close to you or a person from your workplace. Use the following role cards. You will be "Person A". The person you practice with will be "Person B". Show the person you practice with the "※一緒に練習してくださる方へ" section of this page.

Hãy thử tập đóng vai hội thoại cùng với người gần gũi hay người ở chỗ làm nhé. Sẽ dùng thẻ đóng vai dưới đây. Bạn là "A". Đối phương luyện tập là "B". Hãy cho đối phương luyện tập xem phần "※一緒に練習してくださる方へ".

请和身边的人或同事玩角色扮演游戏。使用的下面的角色卡。你是「A」。陪练方是「B」。请给陪练看「※一緒に練習してくださる方へ」。

 Person A (You)

- You work at the same company as Person B.
- You have had a sore throat and cough since yesterday.
- You have a fever of 37.5 degrees Celsius.
- You think you should take a sick day today.
- Call your workplace and get permission to take a sick day.

 A (bạn)

- Đang làm việc ở cùng công ty với B san.
- Tôi bị đau họng và ho từ hôm qua.
- Tôi bị sốt 37,5℃.
- Tôi nghĩ là hôm nay nên nghỉ.
- Hãy gọi điện đến chỗ làm và xin cho phép nghỉ.

 A (你)

- 和B在同一家公司工作。
- 昨天开始喉咙痛，咳嗽。
- 发烧37.5℃。
- 觉得今天最好休息。
- 给公司打电话，获得允许。

★ Were you able to achieve your tasks? Place a check mark next to your achievements.

Bạn đã thử sức được chưa? Hãy tích vào những điều đã làm được.

挑战完成了吗。在完成的项目上画钩。

レベル	できたこと	話した人	できた！
①	Started a conversation with someone and confirmed the date of a national holiday. Đã có thể tự mình chủ động bắt chuyện và xác nhận ngày nào là ngày lễ. 能够主动搭话并确认节日日期了。	（　　　）さん	☐
②	Completed a practice problem in this textbook, and had someone close to me or a person from my workplace look over it. Đã có thể làm bài tập ở sách này và nhờ người gần gũi hay người ở chỗ làm xem giúp. 能看着自我介绍的句子流利地说出来了。	（　　　）さん	☐
③	Role-played the scenario with someone close to me or a person from my workplace. Đã có thể tập đóng vai hội thoại cùng với người gần gũi hay người ở chỗ làm. 能够和身边的人或同事一起玩角色扮演了。	（　　　）さん	☐

「台風が近づいています。」
たいふう　ちか

Japan is prone to natural disasters. While some of these, like earthquakes, can come on suddenly, there are others like typhoons that can be foreseen in advance. In this lesson, you will learn the terms and phrases that you need to understand typhoon information.

Nhật là nước có nhiều thảm hoạ. Cũng có những tai họa đến đột ngột như động đất, nhưng cũng có tai họa mà có thể biết trước là sẽ đến ví dụ như bão. Trong bài học này chúng ta sẽ học các từ ngữ hay biểu hiện hay nghe, để có thể hiểu được thông tin về bão.

日本是个自然灾害多的国家。既有地震这样突如其来的灾害，也有台风这样能事先知情的灾害。这一课将学习为了掌握台风相关信息而经常听到的话语和表达方式。

計画運休：When railway/bus operators schedule service suspensions in advance in order to prevent disruptions caused by natural disasters such as typhoons.
けいかくうんきゅう

倒木：Fallen tree
とうぼく

一時：Temporarily
いちじ

見合わせる：To temporarily stop doing something to wait and see if the circumstances change
みあ

見込み：Prediction, possibility
みこ

大型：Large-scale
おおがた

非常に：Very
ひじょう

未明：Early morning, before sunrise
みめい

上陸します：Typhoon making landfall from the ocean
じょうりく

計画運休：Công ty tàu điện hay xe buýt phải quyết định trước việc ngừng chạy, để không bị hỗn loạn do bão v.v.
けいかくうんきゅう

倒木：Việc cây bị đổ
とうぼく

一時：Trong một lúc
いちじ

見合わせる：Việc dừng việc đó lại và xem tình hình
みあ

見込み：Dự đoán, khả năng
みこ

大型：Độ lớn lớn
おおがた

非常に：Rất
ひじょう

未明：Rạng sáng, trước khi trời sáng
みめい

上陸します：Việc bão từ biển vào đất liền.
じょうりく

計画運休：电车及巴士公司为了避免因台风等造成的混乱，提前作出停运的决定。
けいかくうんきゅう

倒木：树木倒下
とうぼく

一時：暂时
いちじ

見合わせる：停下来观察情况
みあ

見込み：预想、可能性
みこ

大型：范围大
おおがた

非常に：很
ひじょう

未明：黎明、天亮前
みめい

上陸します：台风从海上登陆。
じょうりく

注意の呼びかけ
ちゅうい　よ

The word "警戒レベル(Warning Level)" is used to broadcast evacuation information. Make sure to evacuate before the "警戒レベル(Warning Level)" goes up to "警戒レベル4(Warning Level 4)."

Dùng từ ngữ gọi là "警戒レベル" (mức độ cảnh báo) để đưa ra thông tin lánh nạn. Nhất định hãy lánh nạn trước khi thành "警戒レベル4" (mức độ cảnh báo 4).

使用"警戒レベル(警戒级别)"一词发布避难信息。到了"警戒レベル4(警戒级别4)"请务必避难。

じしん
地震だ。

Japan experiences many earthquakes. Unlike some other natural disasters that you can foresee in advance, earthquakes occur suddenly. Here, you will learn the phrases/expressions you need to keep yourself safe amidst this sudden occurrence. When an earthquake occurs, you should first move to protect yourself. Then, after that, you must watch out for any secondary disasters that can occur afterwards.

Nhật là nước có nhiều động đất. Khác với tai họa có thể biết trước, động đất xảy ra đột ngột. Bạn sẽ học diễn đạt để đối phó khi xảy ra việc đột ngột. Khi động đất xảy ra, trước tiên là bảo vệ tính mạng, rồi phải chú ý đến các tai họa xảy ra sau đó.

日本是个多地震的国家。与能事先知情的灾害不同，地震是突然发生的。学习为了应对突发事件的表达方式。地震发生时先保护自己，然后须注意之后的次生灾害。

テーブルの下に入る：When an earthquake occurs, get under a sturdy table, or to another spot near you where you will be safe from falling objects, or objects that may topple over or move around. Only after the earthquake has subsided should you check the stove and other potential fire hazards.

おさまる：Once the earthquake has subsided, turn off the gas burner, stove, etc. If any of these have caught fire, keep calm and extinguish the fire.

ドアを開けてくる：Once the earthquake has subsided, open all windows and doors to secure a means for exit.

震度：Expresses the intensity of the shaking in an earthquake.

マグニチュード：Expresses the scale of the earthquake itself.

余震：Aftershock

救急車：In Japan, the number to call an ambulance is 119. It is free to call/use an ambulance, so be sure to call immediately when you need it. The number to call the fire department is also 119.

どこが痛いですか：This is information that a rescue worker will want to know. They need this information to determine which department of the hospital they should take you to.

テーブルの下に入る：Khi xảy ra động đất thì chui xuống gầm bàn chắc chắn hay đến nơi mà đồ vật không rơi vào, không đổ vào, không di chuyển tới, để bảo vệ tính mạng. Việc xác nhận nguồn lửa hay dập lửa thì để động đất dừng rồi làm.

おさまる：Sau khi động đất dừng thì tắt lửa ở bếp hay lò sưởi. Nếu bị cháy thì bình tĩnh dập lửa.

ドアを開けてくる：Sau khi động đất dừng thì mở cửa sổ, cửa ra vào, đảm bảo lối ra.

震度：Diễn đạt mức độ rung của trận động đất.

マグニチュード：Diễn đạt độ lớn (quy mô) của chính trận động đất.

余震：Động đất đến sau đó.

救急車：Ở Nhật là "119". Dịch vụ miễn phí cho nên hãy gọi điện ngay khi gặp việc khó khăn. Khi hỏa hoạn cũng gọi điện tương tự đến "119".

どこが痛いですか：Là thông tin nhân viên cứu hộ muốn biết. Là thông tin cần thiết để xem đi khoa nào ở bệnh viện.

テーブルの下に入る：在发生地震时，为了保护自己的生命，要躲在结实的桌子下或者不会有东西掉落、不会倾倒、不会移动的物体旁边。等地震平息后再确认火源或灭火。

おさまる：地震平息后关掉煤气灶和火炉的火。假如起火了，要镇定下来灭火。

ドアを開けてくる：地震平息后打开门窗，确保出口。

震度：表示地震的晃动强度。

マグニチュード：表示地震本身的规模。

余震：随后发生的地震

救急車：在日本是拨打"119"。是免费的，紧急情况下请立刻拨打。火灾也同样是拨打"119"。

どこが痛いですか：救护队员要知道的信息。为了考虑要送去医院哪个科所必须的信息。

Unit
1
自分のことを話してみよう

Unit
2
自分から話しかけてみよう

Unit
3
いろいろな機能の表現を使ってみよう

Unit
4
教科書では学ばない日本語

Lesson 29 — <ruby>何<rt>なに</rt></ruby>やってるんだ！

"何やってるんだ" is the casual style version of "何をやっているんてすか". It is a question, despite there not being a "か". It is used in question form when you want to warn/reprimand someone in a very strong way. It should only be used when something someone is doing is very dangerous, and/or if they should stop doing whatever it is immediately. Because this is a warning/reprimand, there is no need to respond to the question when this is said to you. If said in a more normal, non-frantic way, it can express frustration or exasperation. It is mainly used by men.

"何やってるんだ" là thể thông thường của "何をやっているんですか". Tuy không có "か" nhưng là câu hỏi. Khi khiển trách ai đó một cách mạnh mẽ thì có khi nói theo dạng câu hỏi. Khi chú ý theo dạng này là lúc rất nguy hiểm hay lúc phải dừng việc đó ngay lập tức. Do đang bị chú ý, nên không trả lời câu hỏi. Nếu không phải giọng điệu mạnh mẽ, thì cũng có thể diễn đạt cảm giác thất vọng. Chủ yếu là nam giới dùng.

「何やってるんだ」是「何をやっているんですか」的普通体。虽没有「か」，但是是疑问句。提醒注意的语气较为强烈时，有时会用疑问的形式。用这一形式进行提醒注意时，表示非常危险、必须立刻停止。因为是被提醒注意，所以不用回答。如果语气不是很强烈，也可用于表示愕然的心情。多为男性使用。

Point

<ruby>動<rt>うご</rt></ruby>かすな：The prohibitive form of "動かす."

だろ：The shortened version of "～だろう" used in spoken Japanese."～だろう" is the normal form of "～でしょう". "～てしょう?" when used to confirm information is in the "です・ます" form, but is not polite style. As such, "～てしょう?" should not be used when speaking to social superiors. Saying "言ったてしょう" very strongly will turn it into a reprimand. "～だろう" is a stronger way to say "てしょう", and is mainly used by men.

<ruby>聞<rt>き</rt></ruby>け：The command form of "聞く"

よ：Used with command form to strengthen the meaning of the verb. "<command form>+よ" is commonly used by men.

やれ：Command form of "やる"

の：The casual style version of "～んてすか".

なさい：Expresses an order, using the form "ます形 (masu-form) +なさい".

<ruby>動<rt>うご</rt></ruby>かすな：Thể nghiêm cấm của "動かす" (di chuyển).

だろ：Thể ngắn trong văn nói của "～だろう". "～だろう" là thể thông thường của "～でしょう". "～てしょう?" dùng để xác nhận có dạng "です・ます", nhưng không phải là thể lịch sự. Nên không dùng "～てしょう?" cho người bề trên được. Nếu nói "言ったてしょう" một cách mạnh mẽ thì sẽ thành cách nói mắng mỏ. "～だろう" là cách nói mạnh mẽ hơn "てしょう" và chủ yếu là nam giới dùng.

<ruby>聞<rt>き</rt></ruby>け：Thể mệnh lệnh của "聞く"

よ：Dùng cùng với thể mệnh lệnh, làm nghĩa của động từ mạnh lên. "thể mệnh lệnh+よ" thường thì nam giới hay dùng.

やれ：Thể mệnh lệnh của "やる"

の：Là thể thông thường của "～んてすか".

なさい：Thể hiện mệnh lệnh bằng "thể ます+なさい".

<ruby>動<rt>うご</rt></ruby>かすな：「動かす」的禁止形。

だろ：「～だろう」在口语中的简短说法。「～だろう」是「～でしょう」的普通形。用于确认的「～でしょう?」是「です・ます」形，但不是恭敬体。因此「～でしょう?」不能对长辈、上司使用。语气强烈地说「言ったでしょう」时，是责备的说法。「～だろう」是比「でしょう」语气更强烈的说法，多为男性使用。

<ruby>聞<rt>き</rt></ruby>け：The command form of "聞く"

よ：和命令形一起用，强化动词的意思。「命令形+よ」多为男性使用。

やれ：「やる」的命令形

の：「～んですか」的普通体。

なさい：用「ます形+なさい」表示命令。

練 習

① ①<ruby>窓<rt>まど</rt></ruby>を<ruby>閉<rt>し</rt></ruby>めなさい。
　②ごみを（ちゃんと）ゴミ<ruby>箱<rt>ばこ</rt></ruby>に<ruby>捨<rt>す</rt></ruby>てなさい。
　③<ruby>本<rt>ほん</rt></ruby>を（<ruby>本棚<rt>ほんだな</rt></ruby>に）<ruby>片<rt>かた</rt></ruby>づけなさい。
　④ゲームをやめなさい。

飯、食ったか？

Depending on the expressions you use, you can sound like a man, a woman, or even an elderly person, even if you are conveying the same thing.

Cho dù nói điều giống nhau, nhưng tùy cách nói khác nhau mà có khi nghe thành như nam giới, nghe thành như nữ giới, nghe thành như người lớn tuổi.

即使说同样的事情，根据不同的说法可以听起来像男性、女性或老人。

飯：This means the same thing as "rice." Can also be used to mean "meal." Commonly used by men.

食った：The た-form of "食う". "食う" means the same thing as "食べる". Commonly used by men.

便所：This means the same thing as "トイレ". Commonly used by men. Also sounds slightly old-fashioned. While there are many ways to say "bathroom," the most common are "トイレ", "お手洗い".

ぽい：This means the same thing as "みたい". Used in spoken Japanese.

おれ：Has the same meaning as "わたし". Commonly used by men. It is a casual expression. It should not be used when speaking politely.

ぼく：Has the same meaning as "わたし". Commonly used by men. Slightly more polite than "おれ". However, you should use "わたし" when speaking in formal settings.

おまえ：Can be used by men when speaking to other men that they do not have a hierarchal relationship with. When used by a woman, however, it can give off the impression that she is harsh or rude. It is also not used when speaking to social superiors.

飯：Nghĩa là "ご飯"(cơm). Cũng có dùng với cả nghĩa "ăn uống". Nam giới thường hay dùng.

食った：Là thể た của "食う". "食う" có nghĩa là "食べる". Nam giới thường hay dùng.

便所：Nghĩa là "トイレ". Nam giới thường hay dùng. Cũng có thể nghe thấy cách nói hơi cũ. Có nhiều cách nói, nhưng thường dùng là "トイレ", "お手洗い" v.v.

ぽい：Có nghĩa tương tự với "みたい". Dùng trong văn nói.

おれ：Nghĩa là "わたし". Nam giới thường hay dùng. Cách nói suồng sã. Không dùng khi nói lịch sự.

ぼく：Nghĩa là "わたし". Nam giới thường hay dùng. Lịch sự hơn "おれ" một chút nhưng nếu trong tình huống trang trọng thì nên nói "わたし".

おまえ：Trong hội thoại của nam giới với nhau và không có quan hệ trên dưới thì có thể dùng "おまえ", nhưng nếu nữ giới dùng thì sẽ mang lại ấn tượng cộc cằn. Ngoài ra, không dùng cho người bề trên.

飯："ご飯 (米饭)"的意思。也可用来表示"吃饭"。男性经常使用。

食った：「食う」的た形。「食う」是「食べる」的意思。男性经常使用。

便所：「トイレ」的意思。多为男性使用。是偏古旧的说法。在多种说法中「トイレ」「お手洗い」较为常用。

ぽい：和「みたい」意思相同。用于口语。

おれ：「わたし」的意思。男性经常使用。是一种随意的说法。礼貌说话时不使用。

ぼく：「わたし」的意思。男性经常使用。比「おれ」稍显礼貌，但正式场合宜用「わたし」。

おまえ：无上下级关系的男性之间在对话时可以使用「おまえ」，但女性使用会给人以粗鲁的印象。另外不能对长辈、上司使用。

Unit
1
自分のことを
話してみよう

Unit
2
自分から
話しかけてみよう

Unit
3
いろいろな機能の
表現を使ってみよう

Unit
4
教科書では
学ばない日本語